中国轻工业“十四五”规划教材
高等职业教育市场营销专业精品教材

营销心理学

主　编　张晓燕　刘　文　马　娜
副主编　倪　雪　章大林　徐苏兰
参　编　徐　旭　崔恒文　张　雷

中国轻工业出版社

图书在版编目（CIP）数据

营销心理学 / 张晓燕，刘文，马娜主编. -- 北京：中国轻工业出版社，2025. 1. --（中国轻工业“十四五”规划教材）（高等职业教育市场营销专业精品教材）.

ISBN 978-7-5184-4809-8

Ⅰ. F713.55

中国国家版本馆CIP数据核字第20243BA675号

责任编辑：李金慧　　责任终审：许春英　　设计制作：锋尚设计

策划编辑：张文佳　　责任校对：晋　洁　　责任监印：张　可

出版发行：中国轻工业出版社（北京鲁谷东街5号，邮编：100040）

印　　刷：艺堂印刷（天津）有限公司

经　　销：各地新华书店

版　　次：2025年1月第1版第1次印刷

开　　本：787×1092　1/16　印张：13.75

字　　数：310千字

书　　号：ISBN 978-7-5184-4809-8　定价：59.80元

邮购电话：010-85119873

发行电话：010-85119832　010-85119912

网　　址：http://www.chlip.com.cn

Email：club@chlip.com.cn

230860J2X101ZBW

前言

营销心理学是建立在心理学、管理学、经济学和社会学基础上的交叉学科，以市场营销领域的心理活动及其规律为研究对象，以培养分析营销心理、运用心理策略的技能为目标。全书以整个营销过程涉及的人流、物流、信息流等为载体来设计章节，包含了绪论、个性心理活动过程、个性心理特征及倾向、群体心理特征及倾向、营销组合策略与消费心理、营销传播与消费心理、营销场景与消费心理、营销服务与消费心理、营销主体形象心理九个部分，注重培养学生分析问题、解决问题和实战营销的能力。通过本书的学习，学生可在未来的营销工作中更好地把握消费者的心理特点和规律，根据不同消费者的心理需求，制定营销策略方案，提高营销工作的针对性和有效性。

全书共分九章。

第一章主要介绍了营销心理学的产生和发展、营销心理学的研究对象、研究内容和研究方法；第二章主要阐述了个性的认识过程、情感过程、意志过程的基本原理及其在营销活动中的应用；第三章主要介绍了消费者的气质、性格、能力、兴趣、需要、动机六个个性心理特征规律及其在营销活动中的应用；第四章主要介绍了社会文化、社会阶层、消费流行、消费习俗、人口特征和家庭因素对消费心理的影响；第五章主要介绍了产品策略、价格策略、渠道策略和促销策略及在营销活动中如何针对消费者的心理特征来制定和实施这四项策略；第六章主要介绍了营销传播的心理机制以及广告传播、口头传播、意见领袖等传播方式对消费行为的影响和心理策略；第七章主要介绍了外部环境、内部环境及网络营销对消费行为的影响及其相应的心理策略；第八章主要介绍了营销服务、营销服务与消费心理以及营销服务冲突处理的方式和手段；第九章主要介绍了营销主体形象形成机制、营销人员形象塑造心理及企业形象塑造心理。

本教材在编写过程中着重突出以下创新点。

1．落实课程思政

本书充分挖掘课程知识点中蕴含的思政教育元素，设置“思政园地”栏目，有机融入社会主义核心价值观，结合商业精神、法治意识和诚信经营准则，引导学生关注国家经济环境发展新动向，培育学生诚信服务、德技并修的职业素养。

2．重构模块，知识点与技能点相结合

每个模块均包含课前自学→课中实训→课后拓展三个环节。课前自学提供了实训的知识体系储备；课中实训模块通过课堂模拟营销情境训练学生技能，课后拓展进一步通过“实践训练”和“营销策略”训练提升学生的职业技能。

3．关注消费前沿

本书关注消费市场的发展与变革，设置“数字营销”“营销策略”等栏目，拓展学习情境，对成长快速的消费品牌进行调查分析，引导学生从社会调查中学习消费者行为分析经验，理解市场变化逻辑，把握行业变革机遇。

4．强调项目实践

在本书每个章节最后都设计任务驱动型的项目实践活动，要求学习者真正地深入市场，分析消费者心理，洞悉消费需求，提升消费体验，影响消费决策，最后撰写实训成果报告，检验学习成效。

5．配套数字化教学资源

为充分体现“互联网+”的特色，坚持以“一本教材即是一门课程”的开发原则，本书配套建设了包括微课、动画、视频、课件、习题、实训等丰富的颗粒化教学资源，推动线上线下开展混合教学、自主学习等教学改革与创新实践。

本书由徐州工业职业技术学院张晓燕、伊犁职业技术学院刘文和徐州工业职业技术学院马娜担任主编，徐州工业职业技术学院的倪雪、章大林和徐苏兰担任副主编，江苏京东信息技术有限公司徐旭、江苏徐矿能源股份有限公司崔恒文、江苏天裕能源科技集团有限公司张雷共同参与编写。因此，本书既可作为高职高专院校市场营销专业、工商管理专业学生的教材，也可以作为企业营销人员与管理人员的培训教材或自学用书。

本书在编写的过程中，参考了国内外大量的消费心理学、营销心理学、消费者行为分析等教材和著作，在此表示诚挚的感谢。由于编者水平有限，书中难免有疏漏、不妥之处，恳请广大读者批评指正。

编者

目录

第一章 绪论

第二章 个性心理活动过程

第四章
群体心理特征及倾向

第五章 营销组合策略与消费心理

第六章
营销传播与消费心理

第八章 营销服务与消费心理

第九章 营销主体形象心理

第一章 绪论

动画：从众效应

学习目标

知识目标

1. 了解营销心理学的产生和发展。
2. 掌握营销心理学的研究对象和研究内容。
3. 掌握营销心理学的研究方法。

能力目标

1. 能在市场营销活动中运用营销心理学的研究方法分析消费者的心理。
2. 能理解营销心理学的研究对象。

素质目标

1. 具备批判性思维能力，能够在营销实践中独立思考，评估不同营销策略对消费者心理的影响，并提出改进方案。
2. 具备持续学习和自我提升的意识，能够关注营销心理学领域的最新研究成果和行业动态，不断更新自己的知识体系和实践能力。

思维导图

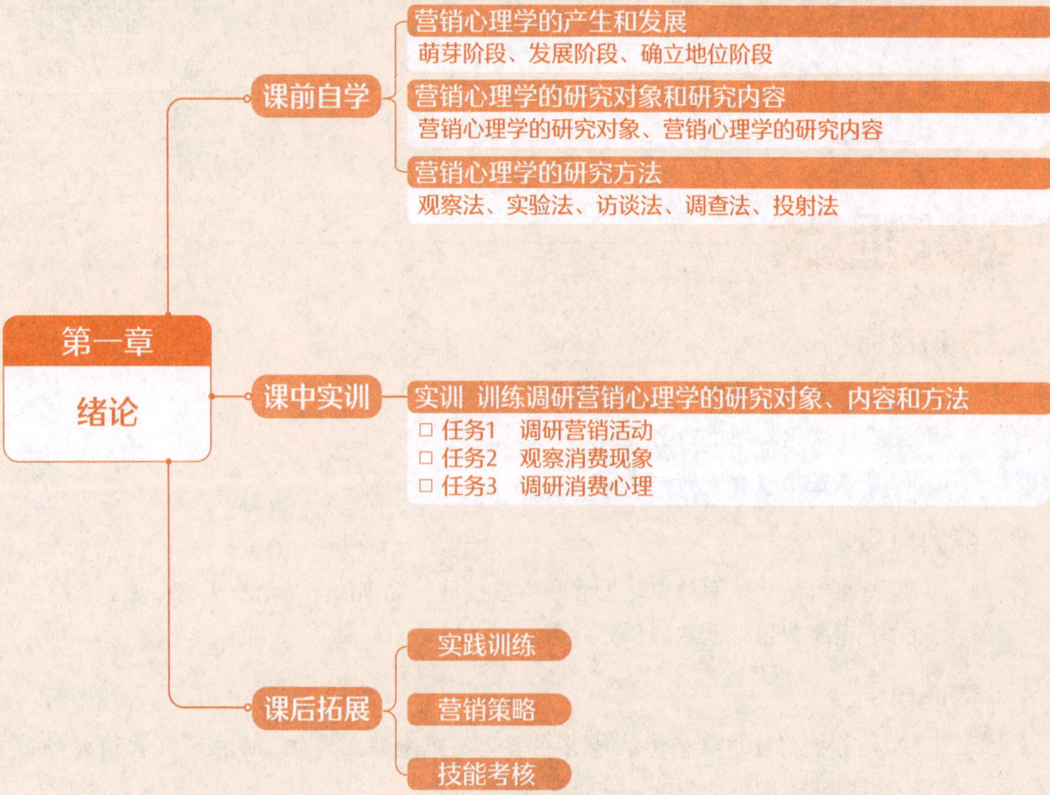
第一章
绪论
课前自学
营销心理学的产生和发展
萌芽阶段、发展阶段、确立地位阶段
营销心理学的研究对象和研究内容
营销心理学的研究对象、营销心理学的研究内容
营销心理学的研究方法
观察法、实验法、访谈法、调查法、投射法
课中实训
实训 训练调研营销心理学的研究对象、内容和方法
□ 任务1 调研营销活动
□ 任务2 观察消费现象
□ 任务3 调研消费心理
课后拓展
实践训练
营销策略
技能考核

课前自学

一、营销心理学的产生和发展

营销心理学与市场营销学一同产生和发展，并相互促进，逐步成为一门独立的学科，有着百余年的历史。营销心理学的发展大体可以分为以下3个阶段。

营销心理学概述

（一）萌芽阶段

1901年12月20日，美国心理学家斯科特应邀在西北大学作报告，提出了广告应作为1门学科进行研究，心理学在广告研究中可以并应该发挥重要作用，这被认为是第一次提出营销心理学问题。

1903年，斯科特汇编了十几篇论文，出版了名为《广告心理学》的著作，其中多篇论文涉及广告心理问题。众多专家认为，这本书的出版标志着营销心理学的雏形——广告心理学的诞生。

1910年，美国出现了全面研究消费者购买活动和购买行为的学术活动。其中，许多学者结合市场行为进行消费者心理的研究，并将其研究内容纳入市场营销学的框架中。《广告理论》出版后，大约半个世纪内，美国的许多心理学家大多围绕广告心理的问题进行调查研究，并指导实业界加以应用，其研究成果和应用效果大大推动了营销心理学的发展。这一阶段，正值第一次世界大战后，西方发达国家市场竞争加剧，许多企业从过去关心产品的生产问题转向关注产品的销售问题。因此，企业聘请了大量的心理学家，研究现实的市场消费者和潜在的市场消费者的心理现象。

20世纪30年代的经济大萧条，使许多发达国家出现了生产过剩、产品积压的问题，因而刺激消费者需求成为渡过危机的重要措施。美国政府出台了货币政策、财政政策，以克服危机带来的困难。企业界克服危机的措施之一是了解消费者需求，提高消费者对商品的认识，促使消费者对商品产生兴趣，诱发消费者的购买动机。这时，无论是政府的货币政策还是企业的反危机措施，都是从消费者心理入手，刺激消费，引导市场行为。这些措施极大地促进了营销心理学的研究和发展。

（二）发展阶段

进入20世纪60年代以后，营销心理学的研究得到了迅猛的发展。1960年，美国心理学会正式设立消费心理学分会。有人认为，这一事件是营销心理学作为1门独立学科诞生的标志。此后，又相继出现了《广告研究》杂志和《市场研究》杂志，进一步推动了营销心理学研究成果的传播。美国一些大学和研究生院的心理系、社会系、经营管理系都开始讲授消费行为课程。这期间，消费心理的研究人员明显增多，研究质量大为提高。比较有代表性的学者有：密歇根大学的卡陶纳，研究了影响消费者行为的期望和态度；哥伦比亚大学的拉利斯费尔德，研究了“人的影响”；哈佛大学的鲍尔，研究了消费者在不确定条件下的反应等。

（三）确立地位阶段

自1968年以来，营销心理学在美国、日本等国家得到了充分的发展，在学科林立的时代巩固了地位，在理论上也逐渐形成广告研究、市场研究、顾客研究等分支体系。

据美国学者统计，仅1968—1972年发表的关于消费者行为的文章，就超过了1968年以前这方面研究成果数量的总和。据统计，仅1967—1976年的10年间，美国国内共发表近1万篇有关营销心理学的文章。从1970年以来，营销心理学的研究出现了以下几种趋势。

（1）理论研究得到了进一步发展。许多学者把研究的重点放在理论研究上，例如，对消费者决策程序的理论研究。

（2）注重宏观方面的研究。研究者们能够从整个社会经济系统的高度去研究消费行为，例如，对消费者行为——经济心理学的研究。

（3）重视因果关系的研究。重视因果关系的研究，即通过营销现象的研究，寻求现象背后的影响因素，例如，对消费者需求变化影响因素的研究等。由过去单纯地确认描述变量关系，转向解释性的研究和对因果关系的探讨。

（4）趋向跨学科交叉研究。趋向跨学科交叉研究，即对本学科的研究进行跨学科的融合、渗透，例如，对消费流行时尚的研究，其与社会学密切联系。

（5）引入现代研究方法。即对心理学的基本范畴（如动机、人格）等用现代方法进行研究，例如，对于消费者认识过程中的记忆，用信息论的观点进行研究等。

二、营销心理学的研究对象和研究内容

（一）营销心理学的研究对象

营销心理学的研究对象是市场营销活动中人的心理现象的产生、发展和变化规律。它从2个方面，即人的心理过程和个性心理方面来研究人的心理现象（图1–1）。

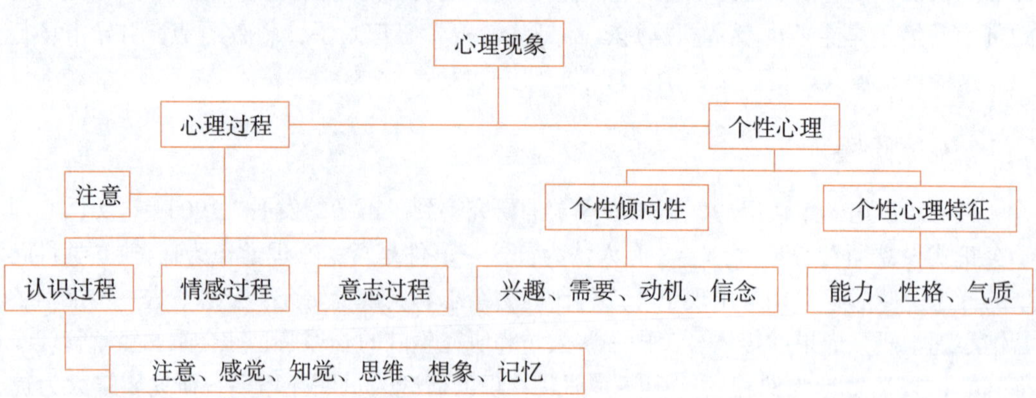

图1-1　人的心理现象

人的心理现象极其错综复杂，内容丰富多彩，但又并不是虚无缥缈和神秘莫测的。归纳人们的各种心理现象，大致可以从以下2个方面来研究。

1. 心理过程

心理过程是人们在社会生活实践过程中一系列思维活动的总和，是社会实践在人头脑中的反映。它包括认识、情感、意志3个过程。

2. 个性心理

个性心理是人的气质、性格、能力等心理活动中稳定特征的总和与表现。在一定的社会历史条件下，人的个性倾向性和个性心理特征的总和，统称为个性心理。个性倾向性是指对人的心理活动和行为具有激发作用的动力因素，包括需要、兴趣、动机等。

尽管心理现象极其复杂，但它的发生、发展、变化是有规律的。在心理现象中，心理过程和个性心理并不是孤立的，而是有着密切联系的。没有心理过程，个性心理就无从形成；而个性倾向性和个性心理特征又制约着心理过程，并在心理过程中表现出来。所以，心理过程和个性心理是同一现象的2个不同方面。要了解人的心理现象，必须对这2个方面进行研究；要了解人的心理全貌，则必须将这2个方面结合起来加以考察。

市场营销活动是人类活动的一个方面。从其过程和内容来看，营销活动中的心理现象，既遵循一般心理现象的基本规律，同时又具有一定的特殊性。而这些特殊的心理现象的产生、发展和变化，正是营销心理学所要研究的。

（二）营销心理学的研究内容

营销活动是卖方为了促进交易，吸引买方来开展的活动。这买卖双方就是消费者和营销者。因此，营销活动中的心理现象，又分别表现为消费者心理和营销者心理。这是营销心理学研究任务中的主要内容。此外，营销活动的具体行为，总是在一定的条件和因素参与下进行的，如商品因素、信息因素、环境因素、消费潮流与消费观念等。这些因素所引起的交易双方的心理作用，对营销活动的具体过程，有着不可低估的影响。所以，与这些因素相关的内容，也是营销心理学研究内容中不可缺少的方面。

具体来说，营销心理学的研究内容主要包括以下5个方面。

1. 消费者心理

消费者心理是营销心理学研究任务中最主要的内容。营销观念从最初的以生产为中心的生产导向观念开始转变为后来的以销售为中心的产品导向观念，最后又转变为现在的以消费者为中心的市场导向观念，是世界经济发展的结果，更是激烈的市场竞争的结果。营销心理学把消费者心理作为最主要的研究内容，是以消费者为中心的最新营销观念的体现，是由其学科的地位所决定的。消费者心理的研究内容主要包括：

①消费者心理活动的一般过程；

②消费者个性心理特征及其对购买行为的影响和制约作用；

③消费者购买心理、行为及其特征；

④消费习俗、消费流行、文化经济因素对消费者购买行为的影响。

2. 营销主体形象心理

广义的营销主体形象包括企业主体形象和营销人员形象。营销主体作为营销活动的组织者和承担者，其形象和心理活动及对营销活动的作用和影响是不可忽视的。营销主体形象心理的研究内容主要包括：

①营销人员的业务心理及其形象心理；

②企业形象塑造心理。

3. 营销策略心理

营销策略心理也是营销心理学研究的重要内容。企业为了满足消费者的物质和心理上的需求，获取最大的社会经济效益，就要开展一系列的营销活动，制定各种营销策略，特别是要把握各种市场营销因素引起的消费者的心理反应，引起消费者的注意和兴趣，以达到营销活动的目标。这部分内容主要有：

①产品命名、品牌、商标和包装与消费心理；

②产品的生命周期及新产品的设计与消费心理；

③商品价格与消费心理；

④商品促销与消费心理；

⑤营销服务与消费心理。

4. 营销信息传播心理

信息在营销传播与营销沟通过程中会引起营销人员与消费者之间心理和情感上的变化，因此，营销信息传播心理也是营销心理学研究的重要内容。营销信息传播心理的研究内容主要有：

①广告传播与消费心理；

②口头传播与消费心理；

③意见领袖与消费心理。

5. 营销场景心理

营销场景有线下实地场景和线上虚拟场景，不同的场景对消费者心理影响不同，即便是线下实地场景中，外部环境和内部环境不同，对消费者心理也会产生不同的影响。因此，营销场景心理也是营销心理学研究的重要内容。营销场景心理的研究内容主要有：

①购物环境和商品陈列与消费心理；

②网络环境与消费心理。

三、营销心理学的研究方法

（一）观察法

观察法是指在市场营销活动的自然条件下，有目的、有计划地通过对营销对象的外部表现（如消费者的动作姿势、面部表情、言语和行为习惯等）的观察，去了解和分析其心理活动规律的一种方法。观察法一般用于研究消费者的需求与动机、消费行为与态度、购买决策等，用于研究广告、商标、包装、橱窗和柜台设计在营销沟通中的效果，商品价格对购买的影响，商店的营销状况和某种新产品是否受消费者的欢迎等。

（二）实验法

在控制条件下对某种行为或者心理现象进行观察的方法称为实验法，在实验法中，研究者可以积极地使用仪器设备干预被试验者的心理活动，人为地创设出某些条件使得被试验者做出某些行为并且这些行为是可以重复出现的。因为实验法能够事先给出实验的状态条件，并能有意识地按照一定规律去改变它们，而且能够提出有关影响相互关系的证明，因此比观察法具有更多优点。实验法的采用，是心理学发展史上的一个转折点，是心理学研究方法的一次革命，它不仅极大地推动了心理学成为1门独立的学科，而且有力地促进了现代心理学的飞速发展。实验法在具体运用时还分为实验室实验法和自然实验法2种形式。

1. 实验室实验法

实验室实验法是指在实验室内借助各种特设的心理仪器进行研究的方法。它可以利用计算机、录音机、录像机等现代化设备对主动刺激、被试者反应、数据采集、计算和统计处理等一系列过程进行自动控制，能够严密地观察和分析市场营销活动中心理现象的某些表现，所得的结果一般是比较准确的，如广告心理效果的测定等。

实验室实验法只能研究简单的心理现象，对于复杂多样的个性心理特征是无能为力的，所以，结合商品服务的工作实际来看，这种方法应用范围较小。

2. 自然实验法

自然实验法是指研究人员在市场营销活动即商业服务工作的实际情况下，有目的地创造或变更某些条件，给被试者的心理以一定的刺激或诱导，从而研究其心理活动变化的一种方法。自然实验法具有主动性，是研究人员按照一定的研究目的创设或改变某些营销环境，去了解和研究被试者在环境变化前后的心理反应，能获取一些有价值且较为准确的研究资料。此种方法应用范围比较广泛，如分别变动商品的功能、价格、颜色、包装等，或者零售商店调整店内商品的陈设和柜台的分布，测试消费者对于刺激发生变动后有什么心理反应（是增加购买，还是无动于衷）。

（三）访谈法

访谈法是研究者通过与研究对象直接交谈，在口头信息沟通的过程中了解研究对象的心理状态的方法。访谈法主要用于对消费者心理的研究。访谈法依据与受访者接触的方式划分，可以分为面对面访谈法和电话访谈法2种形式。

1. 面对面访谈法

面对面访谈法又可分为结构式访谈和非结构式访谈2种。

①结构式访谈。结构式访谈又称控制式访谈，是研究者根据预定目标，事先撰写谈话提纲，访谈时依次向受访者提出问题，让其逐一回答。这种访谈组织比较严密，条理清晰，研究者对整个谈话过程易于掌握，所获得的资料也比较系统。但由于受访者处于

被动地位，容易拘束，不利于双方在短时间内沟通感情。

②非结构式访谈。非结构式访谈也称自由式访谈，这种方式下研究者与受访者之间可以比较自然地交谈。它虽有一定的目标，但谈话没有固定的程序，结构松散，所提问题涉及的范围不受限制，受访者可以较为自由地回答。这种方式受访者比较主动，因而气氛较活跃，容易沟通感情，并可达到一定的深度。但这种方式费时较多，谈话进程不易掌握，对研究者的访谈技巧要求也比较高。

2. 电话访谈法

电话访谈法是借助电话这一通信工具与受访者进行谈话的方法，它一般是在研究者与受访者受空间距离限制，或受访者难于或不便直接面对研究者时采用的访谈方法。电话访谈是一种结构式访谈，访谈内容要事先设计和安排好。

访谈法一般较容易取得所预期的资料，准确性高。但此方法所耗费用较多，对进行访谈的人员的素质要求也比较高。

（四）调查法

调查法是指在营销活动中，当某些心理现象不能通过直接观察或实验室研究取得可靠信息时，调查人员采用多种形式和手段与被调查对象直接接触，从而搜集被试者的各种有关资料，间接了解营销对象心理活动的研究方法。

调查法的方式多种多样。调查研究营销对象的心理活动，必须根据被调查对象的具体情况，采用不同的调查方式。在具体运用时，调查者可根据与被调查者相距的空间远近、联系的难易程度，采用访谈调查法、电话调查法和问卷调查法等不同的方式。

1. 访谈调查法

访谈调查法是指调查者与被调查者直接见面，询问有关问题的方式。询问时，通常是按规定的顺序发问，有时也采用自由交谈的方式。交谈时，可以是单个交谈，也可以是集体座谈，这要依据实际需要，根据心理调查的目的和要求而定。

2. 电话调查法

电话调查法是指调查者借助电话工具向被调查者进行询问，以了解被调查者心理反应的一种方式。调查者可借助电话调查的方式去掌握第一手资料，既可以节省调查时间，也能节省调查的费用。

3. 问卷调查法

问卷调查法是指将要调查的所有内容设计成书面答题的形式，通过不同的方式交给被调查对象供其选择回答，然后再将调查结果进行统计、分析和整理，从中找出有规律性的、可靠的数据资料的调查方法。问卷调查法主要分为现场问卷调查法、入户问卷调查法和邮寄问卷调查法等，各种方法都有其优缺点。

（五）投射法

投射法是研究者以一种非结构性的测验，引出被试者的反应，借以考察其所投射出的人格特征的心理测验方法。也就是说，投射法不是直接对被试者明确提出问题以求回答，而是给被试者一些意义不确定的刺激让其想象、解释，使其内心的动机、愿望、情绪、态度等在不知不觉中投射出来。营销心理学研究常用的投射法主要有角色扮演法和造句测验法。

1. 角色扮演法

角色扮演法就是让被试者扮演某种角色，然后以这种角色的身份来点明对某一事物的态度或对某种行为作出评价。

例如，将一幅绘有一名家庭主妇面对各种罐头食品陈列架的图片出示给被试者，要求其说出图中主妇的购买想法。由于被试者不知道图上的人到底想些什么，往往根据自己的想象和愿望，说出图上该家庭主妇的想法。其回答，无疑是反映了被试者本人的想法。

2. 造句测验法

造句测验法是由研究者提出某些未完成的句子，要求被试者填上几个字，将句子完成。例如，“________品牌电视机最受欢迎”“________品牌西服最潇洒”“假如买空调，应该选择________品牌”“口渴时最想喝的饮料是________”，等等。研究者通过被试者填写的内容，可推知其爱好、愿望和要求，从而了解到消费者对某种商品的评价和看法。

投射法能够探究到人的内心世界和潜意识，从而得到有价值的心理活动资料。但投射法的技术性很强，实际操作的难度也较大。

营销心理学不仅深入研究顾客的行为与心理规律，而且研究营销者、竞争者、利益相关者的行为与心理规律，它使企业能够真正做到对各方面都“知己知彼”，明白顾客的真正需求，明白自己某项决策背后的心理规律，明白竞争对手对自己决策的反应，明白企业相关利益团体的配合程度，从而提高决策的科学性、营销的针对性、沟通的成功率。

自学自测

一、单选题

1 标志营销心理学的雏形——广告心理学诞生的书籍为（　　）。

A.《营销心理学》　　B.《广告心理学》

C.《消费者行为》　　D.《消费心理学》

2 营销主体形象心理的研究内容包括：企业形象心理和（　　）。

A. 品牌形象心理　　B. 产品形象心理

C. 人员形象心理　　D. 服务形象心理

3 在实验室内借助于各种特设的心理仪器进行研究的方法为（　　）。

A. 实验法　　B. 自然实验法

C. 实验室实验法　　D. 观察法

4（　　）是指消费者通过观察他人的行为，获得示范行为的象征性表象，并做出或避免做出与之相似的行为的过程。

A．模仿法　　B．试误法
C．观察法　　D．尝试错误法

二、多选题

1 美国心理学会正式设立消费心理学分会之后，为了进一步推动了营销心理学研究成果的传播，出版了（　　）杂志。
A.《广告研究》　B.《消费者研究》　C.《心理研究》
D.《市场研究》　E.《营销心理学动态》

2 人类的心理过程包括（　　）过程。
A．认知　B．情感　C．感受
D．意志　E．行为

3 营销信息传播心理包括（　　）。
A．广告传播　B．口头传播　C．意见领袖
D．媒体传播　E．社交媒体影响

4 以下哪些因素推动了营销心理学的产生和发展？（　　）。
A．市场竞争的加剧，需要更深入地了解消费者心理
B．消费者行为复杂性的增加，需要心理学理论来指导营销策略
C．消费者个性化需求的提升，要求企业实现更精准的营销定位
D．营销技术的不断革新，如大数据和人工智能，为心理分析提供了更多手段
E．市场营销学科的完善，使营销心理学成为其不可或缺的分支

5 营销心理学研究常用的投射法主要有（　　）。
A．角色扮演法　B．造句测验法　C．实验室实验法
D．观察法　E．自然实验法

三、判断题

1 心理现象过程和个性心理是孤立的，没有关系。（　　）
2 营销场景的心理研究为实体店的购物环境心理。（　　）
3 访谈法依据与受访者接触的方式划分，又可以分为面对面访谈法和电话访谈法2种形式。（　　）
4 营销心理学的研究角度趋向单一化，主要研究消费者的行为特点。（　　）
5 访谈法和问卷调查法是营销心理学方法中最合理、最科学的方法。（　　）

四、简答题

1 简述营销心理学的产生和发展过程。
2 营销心理学的研究对象是什么？
3 营销心理学的研究内容是什么？
4 营销心理学的研究方法有哪些？

课中实训

实训　训练调研营销心理学的研究对象、内容和方法

任务1　调研营销活动

任务描述　以小组为单位选择一个行业，每个组员从行业中调研至少5种营销活动，分析每种营销活动涉及的相关因素，小组成员讨论总结营销心理学的研究对象和研究内容，请将研究成果做成展示PPT，并将要点记录在表1-1中。

表1-1　调研营销活动

调研项目	行业名称	营销活动涉及的因素
营销活动1		
营销活动2		
营销活动3		
营销活动4		
营销活动5		
总结	营销心理学的研究对象和研究内容：	

任务2　观察消费现象

任务描述　每位学生选择生活中一种消费场景开展观察活动，至少观察该场景5种不同的商品，观察购买每种商品的人群特征如性别、年龄、职业等以及购买行为特征。请将研究成果做成展示PPT，并将要点记录在表1-2中。

表1-2　观察消费现象

调研项目	调研结果	人群特征描述	购买行为特征
商品1			
商品2			
商品3			
商品4			
商品5			

任务3　调研消费心理

任务描述　以小组为单位，每个小组选择1种商品，设计调查问卷，调研消费动机，分析该商品的销售情况是否受到年龄、性别、收入、商家促销等因素影响。

成果要求

1 调研有效样本100份以上。

2 每组撰写一份调查报告。

3 根据调查方案、调查报告评估打分。

思政园地

年轻人超前消费需谨慎

用“花呗”、打“白条”、刷信用卡……对当下许多年轻人来说，“花明天的钱，圆今天的梦”已经是一种常见的生活方式。伴随着消费观念转变和支付手段革新，超前消费大行其道，形形色色的互联网消费贷款产品更是令人眼花缭乱。

超前消费使人们可以在购买力不足的情况下通过预支收入、分期付款等方式满足消费需求，能够降低一次性支付资金的经济压力。在经济能力许可的条件下，适度的超前消费无可厚非。

然而，凡事过犹不及。当前，过度的超前消费正透支着一些年轻人的钱包和未来。他们对“这月买，下月还”的消费方式表现出过多的依赖性。“月光族”“负翁”“账单式脱贫”这样的调侃，更像是一种无奈的自嘲。当超前消费突破自身支付能力时，沉重的债务负担便如影随形。戳破光鲜的消费状态，是个人越发脆弱的经济状况。“花明天的钱”难圆“今天的梦”，盲目负债会影响年轻人正确人生观、价值观的形成，也与勤劳节俭的优良传统不符。

资料来源：年轻消费需谨慎. 人民网［EB/OL］.（2019-02-27）［2024-10-14］. http://finance.people.com.cn/n1/2019/0227/c1004-30904244.html.

分析：思考自己是否有过超前消费现象，应该如何避免？

数字营销

打造IP（品牌）社群

很多人应该都加入过机构或个人的IP社群。这类IP社群的成员，都是被某一IP的魅力所吸引，认同该IP的产品、理念。运营这类IP社群需要注意以下内容。

1. 需要持续输出高品质的产品

小米的用户是冲着小米的产品去的，果壳的社群是冲着果壳的科普知识和文章内容去的。所以，用户需要IP社群持续性地输出高质量的产品（服务内容）。这对IP社群来说考验极大，但黏性也是极强的，用户需求越能得到满足，忠诚度就越高。

2. 要有线下的活动

这种社群关系的存在需要有足够多的线下活动来支撑，从而拉近用户的距离，增加共情。可以看到，几乎所有IP社群的运营者都要做同城会、粉丝见面会，因为用户需要在情感上得到维系。

3. 要有归属感

要得到用户或者粉丝的认可，就要营造一种家人（朋友）文化，而不是由上到下的俯视关系。有些用户出于对某个IP的喜爱，是愿意免费提供一些服务和帮助的，包括宣传、答疑、组织活动等，因为他（她）觉得自己找到了组织、同频者。

核心观点：做IP性质的社群，在线上和线下都需要有持续性的内容输出，而且要带着用户一起来参与，制造内容。

资料来源：六种社群类型的差异化分析．百度［EB/OL］．（2020-09-28）［2024-04-11］．https://baijiahao.baidu.com/s?id=1679050059985245592&wfr=spider&for=pc.

课后拓展

实践训练

训练项目 购物消费体验

实训目标

1 培养分析消费者购买过程中的心理需要、购买动机与行为的能力。

2 培养运用消费者个性心理活动规律开展营销活动的能力。

内容与要求

1 记录近期一次比较大的消费活动，以此为例，分析购买商品的心理活动过程。

2 研究这种心理活动过程对市场营销人员的启示。

成果与检测

1 每人写一份消费体验与分析报告。

2 根据消费体验与分析报告情况评分。

营销策略

消费者从众心理调查、分析和营销策略制定

情境设计

以实训小组为单位，进行适当角色分工后，在学校内选择一个系（学部）的若干班级或附近的较大超市，对（不同类型）消费者的从众心理进行抽样调查和分析，在此基础上制定出相应的营销策略，各组形成《××班级或超市××类消费者购买××种类商品的从众心理调查、分析及营销策略报告》。

技能考核

专业能力训练领域、技能点及参照标准见表1-3。

表1-3　技能考核参照标准

能力领域	技能点	名称	参照标准
基于消费从众心理调查、分析及营销策略制定训练	技能1	消费者从众心理调查技能	1．能依照消费者从众心理调查的一般程序，进行消费者从众心理调查 2．能正确运用文献、访谈、问卷和新闻等调查方法进行消费者从众心理调查 3．能较成功地实施消费者从众心理调查和收集相关调查资料
	技能2	消费者从众心理分析技能	1．能对问卷调查表做统计分析 2．能对调查结果进行分析评价，对消费者的从众心理及其行为倾向做出比较分析
	技能3	基于消费者从众心理的营销策略制定技能	1．能够了解和识别消费者的从众心理 2．能依据从众心理现象提出相应的营销策略

第二章 个性心理活动过程

动画：禀赋效应

学习目标

知识目标

1. 了解消费者心理活动的过程。
2. 掌握感觉、知觉、注意、记忆、想象和思维在营销活动中的应用。
3. 掌握情绪情感在营销活动中的应用。
4. 掌握意志特征和品质在营销活动中的应用。

能力目标

1. 能根据消费者的感觉、知觉、注意、记忆、想象和思维规律特征开展营销活动。
2. 能够激发消费者积极的情绪情感来开展营销活动。
3. 能根据消费者的意志品质特征制定营销策略。

素质目标

1. 具备敏锐的洞察力，能够深入理解和分析消费者的心理活动过程，以及这些心理过程如何影响他们的购买决策和行为。
2. 具备同理心和共情能力，能够深刻理解消费者的情感需求和情绪变化，并据此制定能够激发消费者积极情感情绪的营销策略。

思维导图

- **第二章 个性心理活动过程**
  - 课前自学
    - 认识过程
      - 感觉、知觉、注意、记忆、想象、思维
    - 情感过程
      - 情感过程的含义、情感过程的类型、情绪情感在营销中的应用
    - 意志过程
      - 意志的含义、意志的特征、意志的品质、意志的过程、意志在营销活动中的应用
  - 课中实训
    - 实训一 调研认识过程心理效应
      - □ 任务1 调研感觉特征在营销活动中的运用
      - □ 任务2 调研知觉特征在营销活动中的运用
      - □ 任务3 调研注意特征在营销活动中的运用
      - □ 任务4 调研记忆特征在营销活动中的运用
      - □ 任务5 调研想象特征在营销活动中的运用
      - □ 任务6 调研思维特征在营销活动中的运用
      - □ 任务7 运用消费者认识规律特征设计营销方案
    - 实训二 调研情感过程心理效应
      - □ 任务1 调研情绪情感特征在营销活动中的运用
      - □ 任务2 运用消费者情绪情感特征设计营销方案
    - 实训三 调研意志过程心理效应
      - □ 任务1 调研意志特征在营销活动中的运用
      - □ 任务2 运用消费者意志特征设计营销方案
  - 课后拓展
    - 实践训练
    - 营销策略
    - 技能考核

课前自学

一、认识过程

人们认识客观事物的一般过程，往往是先有一个表面印象，然后再运用自己已有的经验和知识，有联系地综合表面印象加以理解。可以说人们对事物的认识过程，就是人们将对客观事物的个别属性的各种不同感觉加以联系和综合的反应过程。这个过程主要通过人的感觉、知觉、注意、记忆、想象、思维等心理活动来完成。心理学研究的结果表明，人脑对客观世界的认识是从感觉和知觉开始的。

感觉

（一）感觉

1. 感觉的含义

所谓感觉，是指人脑对直接作用于感觉器官（眼、耳、鼻、舌和皮肤）的客观事物的个别属性的反映。消费者对商品的认识过程是从感觉开始的。消费者的感觉是商品个别属性（颜色、声音、气味、味道、凉热）作用于消费者不同的感觉器官（眼、耳、鼻、舌、皮肤），消费者的视觉、听觉、嗅觉、味觉和触觉，通过传入神经到达大脑皮层的神经中枢，形成对该商品的个别属性的反映。

2. 感觉的分类

（1）外感受感觉。人的外感受感觉是外界的客观事物使人的感觉器官产生的体验。根据外感觉的刺激因素与感觉器官有无直接接触，分为以下2种感觉作用。

①距离感受作用。距离感受作用指物不与感受器官直接接触使人产生的感觉，如视觉、听觉、嗅觉等。

②接触感受作用。接触感受作用指刺激物与感受器官直接接触产生的感觉，如味觉、触觉等。

在外感受感觉中，人们视觉接受外界信息量最大，约85%的信息来自视觉，约10%的信息来自听觉，仅5%的信息是通过其他感觉来获得的。

（2）内体感觉。内体感觉是指人体内部脏器、肌肉等器官受到某些因素的刺激时引起的体验与感觉。饥饿、酸胀、疲劳、疼痛都是内体感觉。它们是人们机体内部器官组织中感受器官的神经末梢产生变化的讯号，提示人体内部出现了失常或不平衡，需要做必要的调整，才能使机体恢复常态与平衡。

（3）运动感觉。界于外感受感觉与内感受感觉之间，由人体活动、动作而引起的感觉就是运动感觉。它是人的肌肉、韧带内的神经末梢感受器官产生的体验，是人的身体部分的运动、位置、姿势及其与外界事物相关联的属性。运动感觉常常伴随着人的外感受感觉与内感受感觉一起发生作用，使人产生出某种综合感觉。

3．感觉的特征

（1）感受性。所谓感受性是指感觉器官对外界强度及其变化的感受能力。它说明引起感觉不仅要有适宜刺激，还需对强度有一定的要求。现实生活中并非任何强度的刺激都能引起人们的感觉，心理学用感觉阈限来衡量感受性。也就是说，人的每一种感觉器官都只能在一定限度内起作用，而且只有达到一定的强度和范围时，才能产生感觉，能引起感觉持续一定时间的量即为感觉阈限。

（2）适宜性。所谓适宜性是指特定感觉器官只接受特定性质的刺激，这种特定性质的刺激对相应的感觉器官来说是适宜的。这是因为每种感觉器官都有其特定的功能，只能反映特定性质的刺激。

（3）适应性。所谓适应性是指由于外界刺激物持续作用于人体感觉器官而使其发生感受性变化的现象。适应性引起感受性的降低，对增强刺激效应、不断激发消费者的购买欲望是不利的。要使消费者保持对刺激物较强的感受性，可以通过调整刺激物的作用时间或经常变换刺激物的表现形式来达到目的。

（4）关联性。人的感觉并不是彼此孤立的，而是相互联系、相互制约的。人的一种感觉器官的感受性，不仅取决于感觉器官的机能状态，同时也受其他感觉的影响，这就使得各种感觉的感受性在一定条件下出现此消彼长的现象，即减弱对某一器官的刺激，会提高其他器官的感受性。例如，在黑暗中，人的听觉会得到加强；在音乐声中，人的疲劳感会降低。

另外，感觉的相互作用还表现在联觉一类的现象上。所谓联觉，是指由一种感觉引起另一种感觉的心理现象。人们对颜色最容易产生联觉，如红色、橙色使人产生类似火焰、热血、太阳的温暖感觉；绿色、淡蓝色则使人产生凉爽舒适的感觉；蓝色、青色、紫色会使人产生寒冷和疏远的感觉；白色、淡黄色、浅绿色使人产生轻盈的感觉；黑褐色、深蓝色使人产生沉重的感觉。这并非颜色本身有温度，而是人们的一种主观感觉。

因此，感觉的相互作用对商品的包装、商店的装潢等有重要意义，它不仅强烈地吸引人的注意力，而且很容易引起人的联想和诱发人的情感，从而对人们的消费行为产生重要的影响。

4．感觉在营销活动中的应用

（1）对消费者发出的刺激信号要适应人的感觉阈限。不同的客体刺激对人所引起的感觉不相同，相同的客体刺激对不同的人引起的感觉也不相同。所以，企业在做广告、调整价格和介绍商品时，向消费者发出的刺激信号强度，应当适应他们的感觉阈限。如果信号强度过弱，不足以引起消费者的感觉，就达不到引发其购买欲望的目的；如果信号过强则又会使消费者承受不了而拒绝购买。

（2）要善于引起消费者的良好感觉，使消费者获得对商品良好的第一印象。感觉是消费者认识商品的起点，是一切复杂心理活动的基础，消费者只有在感觉的基础上，才能获得对商品的全面认识。在市场营销中，消费者对商品的第一印象是十分重要的。对商品的认识和评价，消费者首先相信的是自己对商品的感觉，正因为如此，有经验的厂商在设计、宣传自己所生产或经营的产品时，总是千方百计地突出自己的商品与众不同的特点。

（3）感觉是引起消费者某种情绪的通道。消费者普遍具有一种先验心理，所谓先验心理，是由于人的直接感觉而产生的连锁心理反应。客观环境给予消费者感觉上的差别，会引起他们不同的情绪感受。企业营业环境布置的优劣、商品陈列造型和颜色搭配、灯光与自然光的采用、营业员的仪容仪表都能给消费者以不同的感觉，从而引起不同的心境，对购物的可能性也会产生影响。

（4）运用感觉引导消费流行，导致流行趋势。日本的专家经过系统地观察，得出这样一个结论：第二次世界大战后的70多年来由于消费者的感觉而导致的流行趋势，决定了世界消费市场的变化。这些专家指出，目前无论在发达国家还是发展中国家的消费市场上，消费风潮形成的顺序大体是先从听觉、视觉引起的，接着是触觉、味觉，最后才是嗅觉。

（5）营销人员的职业对感觉的要求。从事任何职业对主体感觉器官的发达程度都有一定要求，例如，飞行员、特工人员的职业要求他们感觉要灵敏、承受能力要强。一般来说，要求优秀的营销员的感觉器官的灵敏度有一定的范围，最佳感觉阈限是高度的上限阈限和中等的下限阈限。如果营业员感受性过高，则容易伤感或激动，对营销服务工作无益；同时要求营销人员有一定的心理承受能力，如此才能在与难对付的客户打交道中保持“平常心”，以顽强的毅力达成交易。

（二）知觉

1. 知觉的含义

知觉是人脑对直接作用于感觉器官的客观事物的各个部分和属性的整体反映，消费者知觉是消费者在感觉基础上对商品整体特征的反映。感觉只是对个别属性的反映，知觉是对事物整体形象的反映。例如，一个苹果就是由一定的颜色、形状和滋味等属性组成的，我们感觉到苹果的这些个别属性，看到它的形状和大小，在综合这些印象的基础上，形成对苹果的整体印象，即形成了对苹果这一事物的知觉。

知觉

2. 知觉的分类

根据所反映事物的特征，可以将知觉分为3类。

（1）空间知觉。空间知觉是指人脑对物体的形状、大小、远近、方位等空间特性的知觉。

（2）时间知觉。时间知觉是对客观现象的延续性和顺序性的反映，即对事物运动过程的先后和时间长短的知觉，如昨天、今天、明天。

（3）运动知觉。运动知觉是对物体的空间位移和移动速度的知觉，这种知觉使人们可以分辨物体的静止和运动及其速度的快慢。

3. 知觉的特征

（1）整体性。人在知觉时，总是把每一对象的各个部分、各种属性作为一个统一的整体来进行的，这种特性叫作知觉的整体性。例如，消费者总是把商品的商标、价格、质量、款式、包装等综合在一起，构成对商品的整体印象，从而直接影响到消费者的购买行为。人的知觉活动有时先知觉整体，后反映个别部分，例如，顾客在选购商品时，先整体知觉它，然后再关注细节。

（2）理解性。人在知觉时，总是力求用已有的知识经验来理解当前知觉的对象，并用词（概念）的形式把它标志出来。这种特性叫作知觉的理解性。理解有助于人们整体地知觉事物，反映在消费者购买行为上是人们对各种感觉到的信息加以选择的理解。

（3）选择性。人在知觉时，只能把少数对象优先地区分出来，知觉得比较清晰完整，而对其周围环境事物只是当成背景形成模糊的感觉，这种特性叫作知觉的选择性，如消防车、救护车的灯一闪一闪，就是利用知觉的选择性原理（优先知觉）。

（4）恒常性。当知觉的对象没有发生变化，而知觉的条件在一定范围内有所改变时，人的知觉印象仍然保持相对不变，知觉的这种特性叫作知觉的恒常性。如强光照射煤块的亮度远远大于黄昏时粉笔的亮度，但我们仍然把强光下的煤块知觉为黑色，把黄昏时的粉笔知觉为白色。

（5）误差性。人们在知觉某些事物时，可能受背景干扰或某些心理原因影响，往往会产生失真现象，这种对客观事物不正确的知觉称作错觉。错觉的种类很多，生活中常见的有时间错觉、空间错觉、运动错觉、视觉错觉等，其中最常见的是视觉错觉现象。

市场营销者需要了解消费者感知事物的影响，将错觉原理巧妙地运用在广告宣传、包装设计、橱窗布置、商品陈列等营销策略中，满足消费者的心理需求，有时也能收到良好的效益。

4. 知觉在营销活动中的应用

（1）利用知觉帮助消费者确定购买目标。消费者进入商场都带有一定的购买目的，利用知觉的选择性原则，能够从琳琅满目的商品中优先选择自己所要购买的目标商品，而对于自己不需要的商品，消费者往往将其作为知觉对象的背景或者根本注意不到，或者感知得比较模糊。

（2）利用错觉诱发消费者的购买欲望。消费者在购买商品过程中由于知觉对象受背景或参照物的干扰，也有可能受过去经验的影响，会对商品的线条长度、方向、大小、形状、色彩、商品档次等产生错觉，商店可以利用这些错觉对商品进行艺术化处理，达到激发消费者购买欲望的目的。

（3）利用整体性与理解性原则进行广告宣传。这种指在广告活动中不宣传产品本身，而宣传商品的使用效果或使用场景及意境，使消费者通过理解或判断产品的质量与性能以及给消费者带来的利益，从而产生购买行为。

（4）营业员利用错觉心理推销商品。营业员利用错觉心理向不同的消费者推销与之相适应的商品，例如，向身材比较矮胖的顾客推荐深色带有竖条纹的服装，对于脸形大而圆的顾客则不能推荐圆领口且带圆形图案的服装。

（三）注意

1. 注意的含义

注意是人的心理活动对外界一定事物的指向与集中。注意这种心理现象是普遍存在的，例如，工人开动机器生产，要全神贯注在操作上；学生上课听课，要聚精会神地听老师讲课。人只要是处于清醒状态，就没有不产生注意活动的，生活中品尝食物味道，闻闻气味等也都有注意活动产生。注意与人们的一切心理活动密不可分，它伴随人们的认识、情感、意志等心理活动过程而表现出来。

注意

2. 注意的分类

根据产生和保持注意有无目的及意志努力的程度，注意可分为无意注意和有意注意。

（1）无意注意。无意注意是指事先没有预定的目标，也不需要做意志努力，而不由自主地指向某一对象的注意。例如，消费者到商店想购买甲商品，无意中看到乙商品，觉得不错，引起了对乙商品的注意就属于无意注意。

（2）有意注意。有意注意是指自觉的、有预定目的的、必要时还需做一定意志努力的注意。例如，消费者在嘈杂的商店里专心选择欲购买的商品，学生在吵闹的环境中看书，司机在马路上开车，都是有意注意。

有意注意和无意注意两者既互相联系又相互转换。若只有有意注意，人就很容易疲劳，效率不能维持；若只有无意注意，人就容易"分心"，心理活动不能指向某一特定事物，事情也难以做好，因此要特别强调两者之间的相互转换。

3. 注意的特征

（1）指向性。注意的指向性特征显示人的认识活动具有选择性，人们对认识活动的客体进行选择，在每一个瞬间，心理活动都是有选择地指向一定的对象，同时离开其余对象。例如，消费者在市场上，他们的心理活动并不能指向商店内的一切事物，而是长时间地把心理活动指向某些商品。

（2）集中性。注意的集中性是指心理活动关注于某一事物，不仅有选择地指向一定的事物，而且离开一切与注意对象无关的事物，并对局外干扰进行抑制，集中全部精力去得到注意对象鲜明、清晰的反映。例如，消费者选购商品时，其心理活动总是集中在要购买的目标上，并且能离开其他的商品，清晰、准确地反映要购买目标的鲜明特征，决定购买与否等。

4. 注意在营销活动中的应用

（1）注意转换规律在零售企业的运用。利用注意的转换规律使购买环境便于消费者选购商品并较长时间停留在商场中，集休息、购物、娱乐于一体，避免商品陈列的单一化，功能的简单化，满足消费者多个方面的需求。

（2）利用注意功能以及有意注意与无意注意的转换激发消费需求。

（3）企业及其产品宣传需要引起消费者的注意。企业在宣传过程中要引起消费者的注意，必须充分利用有意注意与无意注意的关系来达到宣传的目的，具体可以运用以下方法。

①利用刺激物的形状、大小不同引起注意。一般来说，体积大的比体积小的刺激物更加能够引起人们的注意，当然形状、大小应该由人的视觉有效程度来确定。

②利用刺激的剧烈变化引起注意。洪亮的声音比微弱的声音容易引起注意，或者在强烈的刺激情况下突然减少刺激同样容易引起注意，当然刺激不能超过人的感觉阈限，否则将走向反面。

③利用色彩的鲜明对比引起注意。鲜艳的色彩比暗淡的颜色更能引起消费者的注意。一般来说，黑色比白色、彩色比黑白更能引起人们的注意。当然在五彩缤纷的世界里，黑白可能更能引起消费者的注意。

④利用位置的不同引起注意。商品陈列在举目可望位置，报纸的上边、左边比下边右边，杂志的封面卷首、卷尾比其他页面更容易引起消费者的注意。

⑤利用动静变化引起注意。运动的物体比静止的物体更能引起注意。

⑥利用与众不同引起注意。特殊的色彩、图案、结构、字体、感觉等更容易引起消费者的注意。

（4）利用注意的分配与转移规律提高销售服务效能。优秀的营业员在为前来购买的消费者提供服务的过程中可以同时对多位顾客提供优质的销售服务，这其中就是利用注意的分配和转移规律。

（5）利用消费者注意的稳定性陈列商品。消费者在选购商品过程中如果较长时间看到某一商品就会出现注意的不稳定，这样就会导致消费者将注意力转移到其他商品上，所以陈列商品时要注意一种产品不能陈列在太多地方，也不能太单一，避免因为消费者注意的不稳定性造成该类产品没有被消费者注意到而错过销售的机会。

（四）记忆

1. 记忆的含义

记忆是人脑对过去经历过的事物的反映。人们对过去感知过的事物、思考过的问题、体验过的情感都能以经验的形式在头脑中保存下来，并在一定的条件下能够重新再现起来，这就是记忆过程。

记忆

2. 记忆的过程

记忆是一个比较复杂的心理过程，人脑对过去经验的反映，要经历识记、保持、回忆和认知等几个基本环节。

（1）识记。记忆是一种有意识的反复感知，目的是使客观事物的印记在头脑中保留下来。它是人们为获得客观事物的深刻印象而反复进行感觉、知觉的过程。记忆过程是从识记开始的，因此识记是记忆的前提。消费者在购物活动中，常常表现为反复查看商品，多了解商品信息以加强对商品的印象。

（2）保持。保持是指在识记的基础上，对感知过的事物进一步巩固的过程，它使记忆的材料能较长时间保持在头脑中。这种巩固过程并不是对过去经验的机械重复，而是对组成经验的信息资料进行进一步加工和储存的过程，这种储存起来的信息资料也不是一成不变的。

（3）回忆。回忆又称重现和再现，它是将过去经历过的事物在头脑中重新显现出来的过程，例如，消费者在购买商品时，往往把商品的各种特点与在其他商店看到过的或自己使用过的同类商品在同脑中进行比较，以便做出选择，这就需要回忆。

（4）认知。认知即再认，是当过去感知过的事物重新出现时能够识别出来，能够感觉到曾经听过、见过或经历过。例如，消费者能够很快认出购买过的商品、光顾过的商店及观看过的广告等。

这4个环节是彼此联系、互相制约的，它们共同构成了完整统一的消费者记忆过程。没有识记就谈不上对感知对象内容的保持；没有识记和保持，就没有对接触过的感知对象的回忆和认知。

3．记忆的分类

（1）根据记忆的内容划分，记忆可分为形象记忆、逻辑记忆、情感记忆和运动记忆。

①形象记忆。以感知事物的形象为内容的记忆称为形象记忆。

②逻辑记忆。以事物的意义、性质和内容关系为内容的记忆称为逻辑记忆。消费者对广告内容的记忆就是逻辑记忆。

③情感记忆。以体验过的某种感情为内容的记忆称为情感记忆。

④运动记忆。以过去做过的动作和运动为内容的记忆称为运动记忆。

（2）根据记忆保持时间长短划分，记忆可分为瞬时记忆、短时记忆和长时记忆。

①瞬时记忆。瞬时记忆也叫感觉记忆，它是在感觉后立即产生的极为短暂的记忆，持续时间一般为0.25～2秒，其特点是保存时间很短、容量较小，信息保存是形象的。

②短时记忆。短时记忆是指信息保持时间在5～20秒，一般不超过1分钟的记忆。瞬时记忆中的材料如果受到主体的注意，就会进入短时记忆。

③长时记忆。长时记忆是指保持1分钟以上直至数日、数周、数年甚至终生的记忆。它是对短时记忆加工复述的结果，有时遇到富有感情的事或强烈意外的刺激信息，也能一次形成。

（3）根据记忆有无目的性划分，记忆可分为无意记忆和有意记忆。

①无意记忆。无意记忆是指事先没有明确的目的，也没有经过特殊意志努力的记忆。对消费者来说，广告几乎是无处不在，大多数情况下，人们对广告的记忆是无意记忆。

②有意记忆。有意记忆是指事先有明确的目的，并经过一定的意志努力的记忆。人们对知识的学习，消费者在有购买目的时自觉主动地搜集商品信息，运用一定的方法记住这些内容，都属于有意记忆。

4．记忆在营销活动中的应用

（1）明确的目的有助于记忆。无意记忆是事前没有确定的目的，也不用任何有助于记忆的方法；有意记忆是有明确的记忆目的，并运用一定方法的记忆。研究表明，有意记忆的效果大大高于无意记忆。

（2）理解有助于记忆。理解有助于巩固记忆，其效果优于建立在单纯机械识记基础上的机械记忆。例如，在商业广告中有的广告商把消费者所熟知的事物与自己的广告有效结合起来，潜移默化地提高了消费者的记忆效果。

（3）活动对记忆的影响。当识记材料成为人们活动的对象或结果时，由于学习者积极参加活动，记忆效果会明显地提高。例如，在营销活动中让消费者试穿衣服，企业当场实际操作家用电器，现场示范产品使用方法等都是非常有效的增强消费者记忆的方法。

（4）不同系列位置对记忆的影响。识记对象在材料中的系列位置不同，人们记忆的情况也不一样。一般来说，材料的首尾容易记住，中间部分容易遗忘。

（5）重复有助于材料的记忆。研究表明，人们遗忘信息的速度是先快后慢，当人们对材料达到能背诵的程度后，过一个小时仍能记住的材料仅剩44%，一天后只剩1/3。因此，多次重复有助于强化记忆。消费者的购买决策与行为总是建立在对产品的了解基础之上，而有关产品的信息则主要通过广告来传递。

（6）提问。对各部分内容分段提出问题，通常将各段的标题改为适当的问句就可以了，例如，将感觉记忆标题改为“什么是感觉记忆”或“感觉记忆有哪些特点”。商业广告经常利用提问的方式促使消费者记住广告产品的相关信息。

（五）想象

1．想象的含义

想象是指人们在生活实践中，不仅能够感知和记忆客观事物，还能够在已有的知识经验基础上，在头脑中构成自己从未经历过的事物的新形象，或者根据别人口头语言或者文字的描述形成相应事物的形象的过程。想象活动需具备3个条件：将过去个人感知过的经验作为依据，人脑的创造和加工，最终形成的新的形象。

想象

2．想象的分类

根据新形象的形成有无目的性，可以把想象分为无意想象和有意想象。

（1）无意想象。无意想象也称为不随意想象，是人们没有预定目的，不由自主地引起的想象。例如，消费者逛床上用品商店时，看到那些漂亮的床上用品的摆设，则会停下脚步，在床上坐一坐，其并非为了休息，实质上是产生了一种无意想象。

（2）有意想象。有意想象是人们有预定目的、自觉进行的想象。根据有意想象的新颖性、独特性和创造性的不同，又可分为再造想象和创造想象。

①再造想象。再造想象是指根据词语的描述或非语言（图样、图解、符号等）的描绘，在头脑中产生有关事物新形象的过程。再造想象中形成的新形象的新颖性、独立性、创造性成分比较小，但差异较大，因为人们的经验、兴趣、爱好和能力不同，再造的形象也就不会相同。

②创造想象。创造想象是指不依据现成描述而独立地创造出新形象的想象过程。在创造新产品、新技术、新作品时，人脑所构成的新事物的形象都是创造想象。它的特点

是新颖、独创、奇特。创造想象在人的实际创造活动中是非常重要的，它是一切创造性活动的必要组成部分。

3．想象在营销活动中的应用

想象在人们的生活实践中具有巨大的作用，具体体现在以下几个方面。

（1）想象具有补充认识的作用。人们对认识对象的客观信息掌握不足或很难直接感知认识对象的时候，想象可以弥补对认识对象的不足。简短的电视广告传递丰富的广告信息，表面上看广告的各个片段毫无连续性可言，由于利用消费者的想象能力弥补了不足，消费者可以通过想象来判断产品的使用场景和使用效果。

（2）想象具有超前认识的作用。想象不同于表象，表象是现实事物的形象的重现，而想象则蕴含着许多潜在的可能性，其中有些可能性在现实中尚未实现。符合客观规律的想象，是一种超前反映现实的形式。科学家、文学家的创造性想象是超前认识，在日常生活中运用超前认识的作用的例子也是屡见不鲜的，例如，导游在游客到达某个景点之前往往通过语言的描述、讲故事等手段激发游客对旅游景点的超前想象，提高游客对旅游点的认同感。

总之，想象使人们的认识不仅可以驰骋于有限的现实世界，也可以驰骋于神奇的幻境世界；不仅可以回忆年代久远的过去，而且可以展望引人入胜的未来；不仅可以认识世界，而且可以创造世界。科学家的假说、工程师的设计、作家的人物塑造、艺术家的艺术造型、工人的技术创新等无一不是想象的结晶。

（六）思维

1．思维的含义

思维是通过分析、概括客观事物的本质，并对其进行间接反映的过程。人们对客观事物的认识不会停留在感知和记忆的水平上，而总是利用已经感知和记忆的材料，进行分析、综合、抽象、概括等思考活动，把感性认识升华到理性认识阶段，从而获得对事物的本质和内在规律的认识。例如，人们可以利用过去的经验推算某种商品更新换代的速度和价格走势，以确定是现在购买还是以后购买。

思维

2．消费者的一般思维过程

消费者对商品的认识是从表面特征开始的，是通过分析、综合、比较、抽象具体化等基本阶段完成的，反映在其购买过程中，有以下3个步骤。

（1）分析过程。分析是在头脑中把事物的整体分解成部分、个别特征或个别方面。比如购买汽车，可选择的范围很广，消费者通过分析之后再确定买国产的还是进口的，同时还会分析各个品牌的价格、性能、外观和型号等个别属性，在此基础上再初步确定购买目标。

（2）比较过程。比较是依据一定的标准以确定事物异同的思维过程，也是对事物进行鉴别和综合的过程。消费者通过初步分析确定所购买的目标之后，还要借助比较，进一步鉴别商品质量的优劣、性能的好坏和价格的高低，从而在各种商品之间进行选择。

（3）评价过程。消费者在确定了购买目标以后，会对其进行预测评价，运用判断、推理等思维方式对商品的内在属性及其本质进行概括，为制定购买决策做好心理准备。在购买了该商品后，消费者仍会对其进行分析、比较及评价，即购后体验，以加深这种思维过程，积累消费经验。因此，企业应为消费者做好售后服务工作，促使消费者肯定其购买决策的正确性。

3. 思维的分类

（1）根据思维活动的形式不同分类。

①形象思维。形象思维是指利用直观形象对事物进行分析判断的思维。

②逻辑思维。逻辑思维是指利用概念、推理和理论知识来认识客观事物，达到对事物的本质特征和内在联系认识的思维。

（2）根据思维的品质不同分类。

①常规思维。常规思维是指利用已经获得的知识和经验，依照原来的模式进行的思维。

②创造性思维。创造性思维是指具有独特、变通、逆向、求异和创新特点的思维。

4. 思维在营销活动中的应用

（1）利用思维的变通性，举一反三，灵活进行经营活动。

（2）利用思维的敏捷性，企业及时调整经营策略，增强灵活应变能力。

（3）思维的独立性使人们从不同的角度思考问题，创造性地提出解决问题的新途径。此外，还可以利用发散思维，由点及面地发现经济现象之间的内在联系，揭示经济活动规律。

二、情感过程

（一）情感过程的含义

消费者对于客观事物是否符合自己的需要而产生的一种主观体验，就是消费者的情感过程。消费者的情感过程包括情绪和情感2个方面。

情感过程

情绪是指短时间内的与生理需要相联系的一种体验，一般带有情景性、不稳定性和冲动性。如喜欢、气愤、忧愁等情绪形式。当人们的情绪失控时，往往会产生一些非理性的行为。

情感是指长时间内与人的社会性需要（社交的需要、精神文化生活的需要等）相联系的一种稳定的、持久的体验，具有较强的深刻性、长期性和稳定性。情感相对来说比较稳定，冲动性少。

情感是在情绪的基础上产生的更高级的心理体验。如道德感、荣誉感、集体感、理智感、美感等。两者既有区别又有联系，难以截然分开。情绪与情感两者的区别可归纳为以下几点。

（1）情绪在婴儿时期就有了，情感则是个体生长到某个年龄阶段才会发生的。

（2）情绪是与人的自然需要相联系而产生的，情感则是与人的社会需要相联系的。

（3）情绪不够稳定，而情感则比较稳定，持续的时间相对比较长。

情绪与情感很难分开，一方面消费者的情绪总是受他们本身的情感所制约；另一方面，个人的情感又总是体现在各自的情绪之中。所以，在日常生活中，人们对情绪和情感并不作严格的区分。

（二）情感过程的类型

1. 心境

心境是指人们在长时间内保持的一种比较微弱而平静的情感状态。如心情舒畅或郁郁寡欢等。心境的好坏，对于消费行为具有很重要的影响。良好的心境能使消费者发挥主动性和积极性，容易引起对商品的美好想象，易导致购买行为；不良的心境会使消费者心灰意冷，导致抑制购买欲望，阻碍购买行为。

2. 热情

热情是指一种强有力的、稳定而深刻的情感。如对祖国、人民深厚的爱，对事业的执着追求等，都是热情的表现。消费者的热情总是有一定的基本方向和目标的，为了达到目标而乐意做出努力。

3. 激情

激情是指人们在一定场合爆发出来的强烈情绪，一般维持时间较短，如狂喜、暴怒、绝望等都属于这种情绪状态。激情的出现将对消费者的行为造成巨大影响，甚至改变消费者的理智状态，使理智变得模糊而难以控制。因此，企业和营销人员要尽可能地避免对消费者的强烈的不良刺激，尽量削弱消费者的对抗情绪，引导消费者产生积极的激情，愉快地进行购买活动，争取营销活动的成功。

4. 应激

应激是指出乎意料的紧张情况所引起的情绪状态。一般来说，应激会使营销人员因手忙脚乱而不利于工作，但有时也会因工作节奏加快而提高工作效率。

5. 挫折

挫折是指人在实现目的的过程中遇到障碍，但又无法去排除、克服的心理状态，其典型表现是懊丧、怨恨、消沉、无动于衷。挫折有时表现为对自己，有时表现为迁怒别人。

（三）情绪情感在营销中的应用

1. 利用情调规律提高销售效果

企业在开展营销活动过程中，将销售现场装修得各具特色，夏天的卖场采用清凉的色调装修，冬天则采用橙红色进行装修，高档产品采用深色的设计，儿童用品采用卡通形式的设计，灯光布局由表及里逐渐增强等，其根本目的就是引发消费者的积极情感，满足具有不同情调的消费者的消费需求。

2. 利用心境规律感染消费者

在营销活动过程中，企业的销售人员通过饱满的精神、灿烂的微笑、利索的动作、周到细致的服务等感染消费者，转变消费者对产品及其销售的态度，例如，播放愉快而优雅的音乐使消费者愉悦开朗。

3．利用激情规律激发购买欲望

企业营销人员善于通过激情的语言感染消费者。企业在开展促销活动过程中，促销人员往往利用充满激情的语言，吸引消费者的注意和兴趣，将消费者的注意和兴趣转移到促销产品上来，从而达到提高销售的目的。

4．利用应激规律诱导消费者产生某种购买行为

企业在产品销售活动中利用消费者应激心理现象诱导消费者采取某种消费行为。例如，某品牌牙膏广告中说口腔中90%的细菌不在牙齿上而在舌头上，用该品牌的牙膏就可以解决这个问题就是利用应激规律达到促进销售的目的。

5．利用情感规律诱导消费者对产品的偏好

人是社会化的生物，人所有的行为都受社会道德、社会伦理和社会美学标准的影响，企业营销人员利用这种规律可以有效地将消费者引导到不同细分市场之中，实现差别定价。

三、意志过程

（一）意志的含义

意志是指人们决定达到某种目的而产生的心理状态，是有明确的目标，努力克服干扰和困难的有选择的自觉行动。意志过程是一个心动及行动的过程，由语言和行动表现出来。意志具体要探讨的是人的需要、动机及行动的动力倾向和结果。意志是心理活动的结果。

意志过程

（二）意志的特征

（1）目的性。意志的开始是心动，心动是有需要、有目标、有目的。意志的第一层次解释是意愿和志向。意志的目的性可以是由生理产生，但社会化以后更多的是由心理产生，社会性目的是意志的最重要特征。另外，社会化意志过程的基础还是来自人的认知过程，来自人的思维和思想。

（2）克服困难。困难有外部困难和内部困难2种。外部困难是指客观条件的障碍，如缺乏必要的工具和工作条件或来自他人的讥讽、打击。内部困难是指人在行动时，受相反的要求和愿望的干扰。外部困难必须通过内部困难来起作用。意志主要表现在克服内部困难上，外部困难只有变成内部困难，才能引起意志努力。如果有件事没办完，虽然感到既困又累，但还不能睡，外部困难就转化为内部困难了。

（3）行动性。意志不但是心动的过程，还是一个行动的过程。如果只有心动没有行动，那这样的意志是不完整的，也没有结果。不管结果如何，意志强调行动，有行动才能有结果。而行动贵在坚持，有些人行动可以很快速，但因为没有持久性，这样的行动往往就会昙花一现或功亏一篑。

（三）意志的品质

意志品质是指人意志的具体表现，良好的意志品质体现在自觉性、果断性、坚忍性和自制性上。

（1）自觉性。人的意志品质的高低首先体现在自觉性上。良好的意志品质是人在做某事时能保持头脑清醒，在行动中有明显的目的性，能充分认识所采取的行动的意义，使自己的行动服从于一定的要求。由自觉性的意志品质独立支配自己行动的人，不轻易受外界影响，目标一旦认定，便义无反顾地为实现自己的既定目标而努力。同时，对于一切有助于目标实现的建议和批评也会欣然接受。自觉性是良好意志品质的首要特征，它反映着一个人坚定的立场和信仰，是人的意志行动的力量源泉，贯穿于意志行动的始终。

消费者的自觉性意味着消费者的目标明确，而且愿意主动去做。企业应该引导消费者的自觉性消费，而不是通过一些手段让消费者被迫消费。

（2）果断性。意志的果断性是指在明辨是非的基础上，迅速而合理地做出决定和执行决定的品质。具有果断性意志品质的人，应该是既能全面考虑行动的目的和达到目的的方法，又能清楚地了解自己做决定的重要性及其后果，在行动上能当机立断，不左右摇摆、犹豫不决。果断性不仅表现在能抓住有利时机，顺利实现决定的行动上，也表现在一旦出现情况变化能立即决定继续还是终止正在进行的行动上。

企业希望消费者在消费时能果断地做出对企业有利的行动，而不要在那里左摇右摆，拿不定主意。要让消费者产生果断性的购买，这一方面会由消费者的意志品质决定，另一方面也和企业的营销策略密切相关。

（3）坚忍性。意志的坚忍性是指那种坚持不懈，在行动中能以坚韧不拔的毅力克服种种困难而坚持到底的良好品质。具有这种品质的人能够在活动中持之以恒，具有锲而不舍、不达目的决不罢休的决心，做事不浅尝辄止。

消费者如果具有这样的意志品质，那当他们决定要购买某种产品的时候就会显出不达目的决不罢休的精神。企业应该努力促使消费者相信本企业的产品，并为此而坚持不懈。有些产品的消费恰恰需要消费者有这样的品质才能坚持到底，如健身运动，有坚忍性的消费者往往就会成为健身中心的长久客户。

（4）自制性。意志的自制性是指那种能够完全自觉、灵活地控制自己的情绪，以约束自己产生与完成任务相反行动的良好品质。自制力反映着意志的抑制功能，自制力强的人，善于控制和调节自己的行为，能够克制自己不应有的情绪冲动和冲动性行为，抗拒来自外部和内部的诱因干扰，自觉遵守纪律，执行决定，不论是胜利还是失败，都能激励自己前进。因此，自制力强的人，往往组织性、纪律性较强，情绪稳定，行动时注意力能高度集中。

消费者的自制性可以帮助企业考虑如何通过有效的措施来努力提高消费者忠诚度，让消费者不朝三暮四，见异思迁。

（四）意志的过程

消费者的意志过程就是一个心动、行动及体验的过程。

（1）做出购买决定阶段。这是消费者购买活动的初始阶段，即“心动”阶段。这一阶段包括需要的确立、购买动机的取舍、购买目的的确定、购买方式的选择和购买计划的制订，实际上是购买前的准备阶段。消费者从自身的需求出发，根据自己的支付能力和商品供应情况，分清主次、轻重、缓急，做出各项决定，即是否购买和购买的顺序等。消费者的认知过程是这个阶段的基础和出发点。

（2）执行购买决定阶段。这一阶段，购买决定转化为实际的购买行动，即行动阶段。这个阶段是消费者动机形成的阶段，消费者最终通过一定的方式和渠道行动起来，购买到自己所需的商品或劳务。当然，这一转化过程在现实生活中不会很顺利，会遇到一些障碍需要加以排除，所以，执行购买决定是消费者意志活动的中心环节。

（3）体验执行效果阶段。完成购买行为后，消费者的意志过程并未结束。消费者通过对商品的使用，还要体验执行购买决定的效果，如商品的性能是否良好、使用是否方便、外观与使用环境是否协调、实际效果与预期是否接近等。在体验的基础上，消费者将评价购买这一商品行动是否明智，这种对购买决策的检验和反省，以及对今后的购买行为有重要的参考意义，它将决定消费者今后是重复购买还是拒绝购买、是扩大购买还是缩小购买该品牌或该产品。

（五）意志在营销活动中的应用

在现实生活中，意志品质对消费者的行为方式具有重要作用。例如，在做出决定购买阶段，有时会发生激烈的思想冲突，主要表现在当消费者购买那些有异于传统观点、习惯，具有强烈时代感的商品时，常要承担很大的风险，即购买这种商品是否会遭到别人的非议。能否冲破传统观念的束缚和社会舆论的压力，常常取决于消费者的勇气和意志，而这与消费者自己的意志品质有直接关系。又如，具有意志果断性的消费者，往往能抓住时机，及时做出购买决策；缺乏意志果断性的消费者则优柔寡断，没有主见而错失良机。

经过对消费者的认识过程、情感过程和意志过程的分析可以看到，消费者购买商品的心理活动实际上是这3个过程的统一。

一方面，认识过程的深度对意志过程中克服困难的努力程度有影响；反过来，意志过程对深化和加强认识过程也有影响。另一方面，情感过程的情绪状态对意志过程中克服困难的努力程度有影响，反过来意志过程对情感过程的情绪变化和发展也会发生影响。如果没有积极的情绪状态，消费者就难以顺利地实现预定的购买目的；而通过意志过程又可控制和调节消费者的消极情绪，解除各种心理障碍，从而引起情绪向好的方向发展。

由此可见，认识、情感和意志3个心理活动的过程，既按照它们各自的一般程度发展，又是这样互有影响、彼此渗透、相互交叉地进行。一般来说，消费者完成了一次购买行为，其心理活动过程也就随之基本结束。之所以说是“基本”结束，是因为消费者在使用商品的过程中所发生的情感体验、新的认识等方面，还将影响着下一次的购买行为。

自学自测

一、单选题

1 (　　)是一切复杂的心理活动的基础。

A．感觉　　B．知觉

C．注意　　D．思维

2 (　　)知觉是对客观现象的延续性和顺序性的反映。

A．空间　　B．时间

C．运动　　D．过程

3 短时记忆是指信息保持时间在(　　)。

A．半分钟以内　　B．一分钟以内

C．两分钟以内　　D．三分钟以内

4 一种强有力的、稳定而深刻的情感称为(　　)。

A．热情　　B．心情

C．激情　　D．应激

5 在过去经验的基础上，人具有把多种属性构成的事物知觉为一个统一整体的能力，这种特性为知觉的(　　)。

A．整体性　　B．恒常性

C．选择性　　D．理解性

6 记忆可根据记忆内容或映像的性质分，其中不属于此类分法的一项是(　　)。

A．形象记忆　　B．感觉记忆

C．逻辑记忆　　D．运动记忆

二、多选题

1 知觉的基本特征为(　　)。

A．整体性　　B．理解性　　C．选择性

D．恒常性　　E．相对性

2 记忆是一个比较复杂的心理过程，是人脑对过去经验的反映，要经历(　　)几个基本环节。

A．识记　　B．保持　　C．回忆

D．认知　　E．再认

3 意志的特征有(　　)。

A．目的性　　B．克服困难　　C．行动性

D．计划性　　E．自觉性

4 下列有关情绪与情感的说法，哪些是正确的？(　　)。

A．情绪等于情感

B. 情绪是较强的情感

C. 情绪具有较大的情景性、波动性

D. 情感大多与人的社会需要相联系

E. 情感相对稳定，持续时间较长

5 消费者意志行动过程的特征是（ ）。

A. 有明确的购买目的

B. 克服困难的过程

C. 有激烈的心理斗争过程

D. 购买过程

E. 意志行动的结果表现为实际行动

三、判断题

1 人类感觉的适宜性说明每种感觉器官具有非特定的功能。（ ）

2 适应性引起感受性的提升，对增强刺激效应、不断激发消费者的购买欲望是不利的。（ ）

3 有意注意和无意注意两者既互相联系又相互转换。（ ）

4 消费者对广告内容的记忆就是情感记忆。（ ）

5 情绪与情感很容易分开。（ ）

6 消费者的思维过程就是一个心动、行动及体验的过程。（ ）

四、简答题

1 根据有意想象和无意想象的特点，举例说明二者之间的区别。

2 根据消费者发生情感记忆，举例说明企业的营销策略。

3 情感过程在营销中的作用有哪些？

4 举例说明感觉和知觉在营销活动中的应用。

5 企业应如何激发消费者积极的情绪情感？

课中实训

实训一 调研认识过程心理效应

任务1 调研感觉特征在营销活动中的运用

任务描述 以小组为单位选择1个行业，每个组员从行业中调研至少5种营销活动，调研分析每种营销活动中运用消费者感觉特征来优化营销策略的要素。小组成员讨论总结感觉特征，请将研究成果做成展示PPT，并将要点记录在表2-1中。

表2-1　感觉营销活动调研

调研项目	营销活动简单描述	营销活动中运用感觉规律的表现
行业简介		
感觉营销场景1		
感觉营销场景2		
感觉营销场景3		
感觉营销场景4		
感觉营销场景5		
总结	感觉特征：	

任务2　调研知觉特征在营销活动中的运用

任务描述　以小组为单位选择1个行业，每个组员从行业中调研至少5种营销活动，调研分析每种营销活动中运用消费者知觉特征来优化营销策略的要素。小组成员讨论总结知觉特征，请将研究成果做成展示PPT，并将要点记录在表2–2中。

表2-2　知觉营销活动调研

调研项目	营销活动简单描述	营销活动中运用知觉规律的表现
行业简介		
知觉营销场景1		
知觉营销场景2		
知觉营销场景3		
知觉营销场景4		
知觉营销场景5		
总结	知觉特征：	

任务3　调研注意特征在营销活动中的运用

任务描述　以小组为单位选择1个行业，每个组员从行业中调研至少5种营销活动，调研分析每种营销活动中运用消费者注意特征来优化营销策略的要素。小组成员讨论总结注意特征，请将研究成果做成展示PPT，并将要点记录在表2–3中。

表2-3　注意营销活动调研

调研项目	营销活动简单描述	营销活动中运用注意规律的表现
行业简介		
注意营销场景1		
注意营销场景2		
注意营销场景3		
注意营销场景4		
注意营销场景5		
总结	注意特征：	

任务4　调研记忆特征在营销活动中的运用

任务描述　以小组为单位选择1个行业，每个组员从行业中调研至少5种营销活动，调研分析每种营销活动中运用消费者记忆特征来优化营销策略的要素。小组成员讨论总结记忆特征，请将研究成果做成展示PPT，并将要点记录在表2-4中。

表2-4　记忆营销活动调研

调研项目	营销活动简单描述	营销活动中运用记忆规律的表现
行业简介		
记忆营销场景1		
记忆营销场景2		
记忆营销场景3		
记忆营销场景4		
记忆营销场景5		
总结	记忆特征：	

任务5　调研想象特征在营销活动中的运用

任务描述　以小组为单位选择1个行业，每个组员从行业中调研至少5种营销活动，调研分析每种营销活动中运用消费者想象特征来优化营销策略的要素。小组成员讨论总结想象特征，请将研究成果做成展示PPT，并将要点记录在表2-5中。

表2-5 想象营销活动调研

调研项目	营销活动简单描述	营销活动中运用想象规律的表现
行业简介		
想象营销场景1		
想象营销场景2		
想象营销场景3		
想象营销场景4		
想象营销场景5		
总结	想象特征：	

任务6 调研思维特征在营销活动中的运用

任务描述 以小组为单位选择1个行业，每个组员从行业中调研至少5种营销活动，调研分析每种营销活动中运用消费者思维特征来优化营销策略的要素。小组成员讨论总结思维特征，请将研究成果做成展示PPT，并将要点记录在表2-6中。

表2-6 思维营销活动调研

调研项目	营销活动简单描述	营销活动中运用思维规律的表现
行业简介		
思维营销场景1		
思维营销场景2		
思维营销场景3		
思维营销场景4		
思维营销场景5		
总结	思维特征：	

任务7 运用消费者认识规律特征设计营销方案

任务描述 选择1个行业中的某加盟连锁门店，帮助该门店设计引流方案，要求合理利用视觉、听觉、嗅觉、味觉和触觉的规律。小组成员讨论总结消费者认识规律特征，请将研究成果做成展示PPT，并将要点记录在表2-7中。

表2-7　运用消费者认识规律特征设计营销方案

设计项目	营销场景简单描述	营销场景中运用感觉规律的表现
加盟店简介		
运用视觉规律		
运用听觉规律		
运用嗅觉规律		
运用味觉规律		
运用触觉规律		
其他		

实训二　调研情感过程心理效应

任务1　调研情绪情感特征在营销活动中的运用

任务描述　以小组为单位选择1个行业，每个组员至少搜集行业中5种营销活动中充分利用消费者情感因素促进销售的案例。例如，企业采用了哪些营销手段，与消费者达成良好的沟通，影响了消费者的情感过程。小组成员讨论总结情绪情感特征，请将研究成果做成展示PPT，并将要点记录在表2–8中。

表2-8　营销活动运用情绪情感特征调研

调研项目	营销活动简单描述	营销活动中运用情绪情感特征的表现
行业简介		
营销活动1		
营销活动2		
营销活动3		
营销活动4		
营销活动5		
总结	情绪情感特征：	

任务2　运用消费者情绪情感特征设计营销方案

任务描述　选择1个行业中的某加盟连锁门店，帮助该门店运用消费者情绪情感特征设计情感促销方案，要求充分抓住消费者情感需求，合理引导消费者消费。小组成员讨论总结情感规律特征，请将研究成果做成展示PPT，并将要点记录在表2–9中。

表2-9　运用消费者情绪情感特征设计营销方案

设计项目	营销手段描述	营销场景中运用情绪情感特征的表现
加盟店简介		
情感促销手段1		
情感促销手段2		
情感促销手段3		
情感促销手段4		
情感促销手段5		

实训三　调研意志过程心理效应

任务1　调研意志特征在营销活动中的运用

任务描述　以小组为单位选择1个行业，每个组员至少搜集行业中5种促成消费决策达成的营销手段，即企业采用了哪些营销手段，促成消费者的意志过程。小组成员讨论总结意志特征，请将研究成果做成展示PPT，并将要点记录在表2-10中。

表2-10　营销活动运用意志特征调研

调研项目	营销活动简单描述	营销活动中运用意志特征的表现
行业简介		
意志促销手段1		
意志促销手段2		
意志促销手段3		
意志促销手段4		
意志促销手段5		
总结	意志特征：	

任务2　运用消费者意志特征设计营销方案

任务描述　选择1个行业中的某加盟连锁门店，帮助该门店设计如何运用消费者意志特征培养忠诚客户的方案，要求充分抓住消费者意志特征，科学培养忠诚消费者。小组成员讨论总结意志规律特征，请将研究成果做成展示PPT，并将要点记录在表2-11中。

表2-11 运用意志特征设计营销方案

设计项目	营销手段描述	营销场景中运用意志特征的表现
加盟店简介		
提高消费者忠诚度措施1		
提高消费者忠诚度措施2		
提高消费者忠诚度措施3		
提高消费者忠诚度措施4		
提高消费者忠诚度措施5		

思政园地

理性消费，远离“美容贷”

爱美之心，人皆有之，随着医疗美容业的发展和经济水平的提升，年轻人的美容消费也在大幅增长。让自己变得更美，原本不是坏事，可一旦走向极端，就远离了“美”的初衷。理性消费的前提，是对美的正确认知，以及以何种方式求美。仅就外在美而言，千篇一律的高鼻梁、尖下巴是不是就真的美？为瘦身而催吐、厌食乃至罹患心理疾病值不值得？因为整容、增高而引发健康危险，有没有必要？

盲目求美，往往导致非理性消费，甚至由此落入各种“美容贷”陷阱。每个人的消费能力不同，医美机构通过制造和宣传“一针美白”“七天瘦身”“高科技生物技术”的概念，推出的各类高价产品，并非人人适合。弄清楚自身需求，不盲目跟风，才能不被各种美容广告所忽悠，为所谓的“高科技”交“智商税”。与此同时，还要看到，很多消费观不理性、盲目求“美”的青少年，都是在教育尤其是家庭教育上出了问题，监护人没能通过言传身教告诉孩子何为理性消费。

要学会理性消费，远离“美容贷”陷阱，杜绝盲目冲动消费。要培养对美的正确认知，树立良好的审美观。

资料来源：“美容贷”及类似广告为何被叫停？人民网［EB/OL］.（2021-09-28）［2024-10-14］. http://www.people.com.cn/n1/2021/0928/c32306-32240427.html.

数字营销

正午才能扫的二维码

韩国Emart超市发现，每天的正午时间超市内的销量和客流量最低，为了提高12：00～13：00期间的超市人流量和购物量，Emart超市想出一个好办法。

为了给在中午时购物的消费者提供独特体验，Emart超市开展了名为“Sunny Sale”的二维码营销活动。只有在正午太阳直射地面时这个二维码才可以被正确识别，巧妙地利用了光影之间的物理原理，增添了扫二维码的乐趣。当人们扫出二维码之后就可以跳转到超市的网站页面，获得超市特殊打折的优惠券（可以选择去超市购物，也可以在网上直接选购，由配送人员提供送货上门的服务）。这种生动有趣的二维码营销活动吸引了人们的眼球，Emart超市中午时段的销售额增加了25%，会员数更是增长了58%。

资料来源：阳翼．数字营销［M］．2版．北京：中国人民大学出版社，2019.

课后拓展

实践训练

训练项目 感官营销力调研

实训目标

1 培养观察和分析在消费者购买过程中感官受到外界影响所引起心理变化的能力。

2 能够应用感觉和知觉分析消费者注意力的影响因素，提高感官营销力的实践能力。

内容与要求

1 找出所在地区的大型商超列表，选择其中一家，制订实地走访调研计划。

2 绘制本次实地调研商超的路线图，标记和分析各个关键地点，如入口处收银台、生鲜区等地方，分析它们可能会如何引导和激发消费者的购买欲望。

3 选择3～5处大型商超在感官营销力实践上最吸引你的地方，并应用知觉选择理论分析其吸引你注意力的感官要素。

4 在之前分析的基础上，提出3～5条关于该大型商超在感官营销力上的改进建议。

成果与检测

1 实地调研商超路线图。

2 该大型商超感官营销力分析和改进建议报告。

营销策略

基于消费者的知觉、记忆与想象的营销策略制定与实施训练

情境设计

以实训小组为单位，选择学校所在城市的一家手机专营店，对其基于消费者的知觉、记忆与想象对消费者实施的营销策略进行抽样调查和分析，在此基础上提出相应的营销策略，并撰写《××手机专营店基于消费者的知觉、记忆与想象的营销策略制定与实施总结报告》。

技能考核

专业能力训练领域、技能点及参照标准见表2–12。

表2-12　技能考核参照标准

<table>
<tr><th>能力领域</th><th>技能点</th><th>名称</th><th>参照标准</th></tr>
<tr><td rowspan="3">基于消费者的知觉、记忆与想象的营销策略制定与实施训练</td><td>技能1</td><td>基于消费者的知觉的营销策略制定与实施</td><td>1. 能运用知觉的选择性原理帮助消费者确定购买目标
2. 能运用知觉的整体性和理解性原理开展营销活动
3. 能较成功地运用错觉原理制定商品促销策略
4. 能较成功地制定并实施基于消费者知觉的营销策略</td></tr>
<tr><td>技能2</td><td>基于消费者的记忆的营销策略制定与实施</td><td>1. 能依照消费者的记忆过程和遗忘规律，增加消费者对企业商品好的记忆
2. 能较成功地制定并实施基于消费者的记忆的营销策略</td></tr>
<tr><td>技能3</td><td>基于消费者的想象的营销策略制定与实施</td><td>1. 能依照消费者的想象特征，增加消费者对企业商品好的联想
2. 能较成功地制定并实施基于消费者的想象的营销策略</td></tr>
</table>

第三章 个性心理特征及倾向

动画：皮格马利翁效应

学习目标

知识目标

1. 掌握消费者的气质、性格、能力特征规律。
2. 了解消费者的兴趣、需要、动机在购买行为中的作用。

能力目标

1. 能正确识别不同消费者的不同气质、性格、能力在消费过程中的表现。
2. 能根据消费者的不同气质、性格、能力等个性心理表现做出正确的营销决策。
3. 能准确识别消费者的兴趣、需要、动机。
4. 能根据消费者的兴趣、需要、动机有针对性地开展营销活动。

素质目标

1. 具备个性化消费者洞察能力，准确识别个性心理特征在营销活动中的具体表现，更精准地把握消费者的需求和心理。
2. 树立共鸣共情意识，能够准确识别消费者的情感需求，并据此制定能够引发消费者共鸣的营销策略。

思维导图

- **第三章 个性心理特征及倾向**
  - **课前自学**
    - 消费者的气质
      - 气质的含义、气质的类型、气质在营销活动中针对消费者的应用、营销人员气质行为表现、气质在营销活动中针对营销人员的应用
    - 消费者的性格
      - 性格的概念、性格的特征、性格的类型、性格在营销活动中的应用
    - 消费者的能力
      - 能力的含义、能力的类型、消费者能力上的差异、能力在营销活动中的应用
    - 消费者的兴趣
      - 兴趣的含义、兴趣的种类、兴趣的特点、兴趣在营销活动中的应用
    - 消费者的需要
      - 需要的含义、需要的分类、需要的主要特征、消遇者对提供物的具体需要、消费者需要在营销活动中的应用
    - 消费者的动机
      - 消费动机的概念、消费动机的特点、消费者购买动机的类型、动机在营销活动中的应用、动机冲突与营销策略
  - **课中实训**
    - 实训一 调研分析消费者的气质
      - □ 任务1 观察不同气质的消费者在营销过程中的表现
      - □ 任务2 针对不同气质类型的消费者设计营销活动策略
    - 实训二 调研分析消费者的性格
      - □ 任务1 观察不同性格的消费者在营销过程中的表现
      - □ 任务2 针对不同性格类型的消费者设计营销活动策略
    - 实训三 调研分析消费者的能力
      - □ 任务1 观察不同能力的消费者在营销过程中的表现
      - □ 任务2 针对不同能力类型的消费者设计营销活动策略
    - 实训四 调研分析消费者的兴趣
      - □ 任务1 观察不同兴趣的消费者在营销过程中的表现
      - □ 任务2 针对不同兴趣类型的消费者设计营销活动策略
    - 实训五 调研分析消费者的需要
      - □ 任务1 观察不同需要的消费者在营销过程中的表现
      - □ 任务2 针对不同需要类型的消费者设计营销活动策略
    - 实训六 调研分析消费者的动机
      - □ 任务1 观察不同动机的消费者在营销过程中的表现
      - □ 任务2 针对不同动机类型的消费者设计营销活动策略
  - **课后拓展**
    - 实践训练
    - 营销策略
    - 技能考核

课前自学

个性是指人在先天因素的基础上，在社会生活实践中形成的相对稳定的心理倾向和心理特征的总和。它反映出人的心理活动的经常而稳定的本质特点，包括个性倾向性和个性心理特征。个性倾向性主要包括需要、兴趣、动机、理想、信念、世界观等。个性心理特征主要包括能力、气质、性格等。个性倾向性和个性心理特征相互联系、相互制约，从而构成有机整体。由于消费者具有不同的个性心理特征，使得其购买行为复杂多样、变化多端。

一、消费者的气质

（一）气质的含义

心理学中的气质的含义与日常生活中所讲的气质是两个完全不同的概念。在生活中我们评价某人“气质优雅”或“毫无气质”一般是指一个人办事的风格和风度。

消费者的气质

心理学中的气质是指个体心理活动典型而稳定的动力特征，是人类的一种高级神经活动类型。气质主要表现为三个方面的内容：一是心理活动的速度和稳定性，如知觉的速度、思维的灵活程度、注意力集中时间的长短等；二是心理活动的强度，如情绪的强弱、意志努力的程度等；三是心理活动的指向性，如倾向于外部事物，从外界获得新印象，或是倾向于内部事务，喜欢体验自己的情绪等。

气质的形成和表现具有以下基本特征：①先天性。每个人一出生就表现出的某种气质特点。②差异性。受先天遗传因素的不同以及后天生活环境的差异影响，不同的气质类型存在着很大的差异。③稳定性。气质一经形成，受其他因素影响不大，有一定的稳定性。④变化性。气质的稳定性并非不发生变化，受后天环境和教育等实践因素的影响，也会发生某些变化，但变化缓慢且渐进。

（二）气质的类型

古希腊医生希波克拉底认为人体内有血液、黏液、黄胆汁、黑胆汁四种体液，并认为这四种体液内的不同比例会形成胆汁质、多血质、黏液质和抑郁质四种气质类型，如表3-1所示。

巴甫洛夫通过对高级动物的研究，发现神经活动类型可分为四种：兴奋型、活泼型、安静型和抑制型，与此相对应的是四种气质类型。高级神经活动类型与气质类型的对应关系如表3-2所示。

实际生活中，纯属某种气质类型的人并不多。一般情况下，主要是通过观察、测定构成个体气质类型的各种心理特征，从其活动的积极性、行为的均衡性和适应环境的灵活性等方面去判断个体的基本气质。

表3-1　按体液说划分的气质类型

类型	内涵	表现
胆汁质	神经素质反应较强，但不平衡，兴奋过程强于抑制过程，容易兴奋而难于抑制	情绪反应快而强烈，抑制能力较差；对外界的反应速度快，但不够灵活，脾气倔强，精力旺盛，不易消沉，比较外向
多血质	神经素质反应较强而且平衡，灵活性也比较强	情绪兴奋性高，活泼好动，富于表现力和感染力；对外界事物较为敏感，容易随环境的变化而转变，精力分散，兴趣广泛，联系面广，反应性和外倾性都较为明显
黏液质	神经素质反应迟钝，但较为平衡，灵活性较低	情绪比较稳定，沉着冷静，善于忍耐；对外界事物反应缓慢，心理状态极少通过外表表现出来，耐性和内倾性都比较明显
抑郁质	神经素质反应较弱，且不平衡，兴奋速度较慢，抑制过程强于兴奋过程	主观体验深刻，对外界事物的反应速度慢而不灵活；遇事敏感多心，言行谨小慎微，易于激动和消沉，感受性和内倾性都较为明显

表3-2　高级神经活动类型与气质类型对照表

<table>
<tr><th colspan="4">高级神经活动特点和类型</th><th rowspan="2">气质类型</th></tr>
<tr><th>强度</th><th>平衡性</th><th>灵活性</th><th>特性组合的类型</th></tr>
<tr><td rowspan="3">强</td><td>不平衡
（兴奋占优势）</td><td>—</td><td>兴奋型</td><td>胆汁质</td></tr>
<tr><td rowspan="2">平衡</td><td>灵活性高</td><td>活泼型</td><td>多血质</td></tr>
<tr><td>灵活性低</td><td>安静型</td><td>黏液质</td></tr>
<tr><td>弱</td><td>不平衡
（抑制占优势）</td><td>—</td><td>抑制型</td><td>抑郁质</td></tr>
</table>

（三）气质在营销活动中针对消费者的应用

消费者不同的气质类型会直接影响和反映到他们的购买和消费行为中，使之显现出不同的，甚至是截然相反的方式、风格和特点。

1．在情绪表现上

胆汁质和多血质的消费者在购买过程中容易显露情绪，其中胆汁质的消费者情绪反应激烈、表情丰富、语言坦率，不掩饰自己的观点。多血质的消费者热情活泼、亲切乐观。黏液质和抑郁质的消费者则不易把内心的情感体验表露出来，其中黏液质的消费者情绪体验慢且弱、不动声色、表情冷落，与卖方保持一定的距离，不愿意把自己对商品的评价表露出来。抑郁质的消费者敏感多疑，易受环境和卖方的影响而发生情绪波动，该波动虽然不表现出来，但在其心理和行为上会实实在在地发生作用。

2. 在对商品的注意上

黏液质和抑郁质的消费者在购买商品的过程中多有稳定、专注的注意方向和范围，其中黏液质的消费者喜欢通过自己的观察来了解和选择商品，一旦目标锁定，就会反复观察、比较和思考，产生明显的购买意向且不再发生注意力转移。抑郁质的消费者观察得非常认真，常能发现商品的细微之处且体验深刻。多血质和胆汁质的消费者对商品的兴趣和注意力易发生转移，其中多血质的消费者热情主动，对商品信息多方面询问，对商品常常流露出满意的态度，但兴趣和注意力容易发生变化。

3. 在购买的速度上

胆汁质的消费者能对商品做出迅速的认知。他们有时会为商品的某一特点所吸引而迅速购买，因而容易后悔。多血质的消费者对购买的认知也很迅速，但他们的思维和情感活动灵活多变，往往会有多个购买方案，购买比较慎重，少有冲动购买。黏液质和抑郁质的消费者知觉和思维过程较为缓慢，对商品的认知需要较长的时间，其中黏液质的消费者沉稳持重，喜欢按部就班，只有对商品有了清晰的了解才会做出购买决策；而抑郁质的消费者购买决策速度最为缓慢，他们往往患得患失，既对自己缺乏信心，又怀疑卖方的介绍和解说，只有在彻底消除疑虑后才会做出决策。

4. 在与销售人员的接触方式上

多血质和胆汁质的消费者喜欢与卖方接触，乐于从卖方那里获得商品的种种信息，其中多血质的消费者反应灵活，兴趣广泛，能适应各种环境与气氛；胆汁质的消费者脾气急躁，易因为小事和卖方发生冲突。黏液质和抑郁质的消费者不喜欢与卖方过多交谈，他们更愿意自己多观察、多思考，其中抑郁质的消费者容易受外界因素的影响而引起情绪波动，从而加强或中断购买行为；黏液质的消费者不轻易相信他人的意见，也较少受到营业环境和氛围的支配和影响。

在营销中，卖方要根据消费者的各种购买行为发现和识别其气质方面的特点，注意利用顾客气质特征的积极方面抑制其消极方面，促其购买。

（四）营销人员气质行为表现

作为营销人员也同样存在着不同的气质类型和典型的销售行为表现，通常有以下几种。

1. 急躁型营销人员

急躁型营销人员具有明显的胆汁质气质特征。这类营销人员的优点是工作富有朝气，动作敏捷，善于随机应变；不足之处是情绪容易变化，服务态度时好时坏，往往因急于成交而与消费者发生顶撞和争吵。

2. 活泼型营销人员

活泼型营销人员具有明显的多血质气质特征。这类营销人员的优点是容易与消费者接近，相互易沟通，动作干脆利落，服务面广，容易促成消费者购买；不足之处是注意力容易转移，兴趣易变，缺乏坚持性和耐久性。

3. 温顺型营销人员

温顺型营销人员兼有多血质和黏液质的某些气质特征。这类营销人员的优点是热情有限且不冲动，能顺从消费者的意见，满足其挑选商品的需求；不足之处是销售行为动作不够敏捷，处理问题不够大胆。

4．冷静型营销人员

冷静型营销人员具有明显的黏液质气质特征。这类营销人员的优点是接待消费者时沉着冷静，注意力集中稳定，介绍商品可信度高，服务细致；不足之处是缺乏朝气，表情略微淡漠，与消费者保持一定的距离。

5．沉默型营销人员

沉默型营销人员具有较明显的抑郁质气质特征。这类营销人员的优点是工作情绪稳定，工作认真，埋头苦干；不足之处是与消费者沟通较慢，不善于宣传推销商品，也不能及时回答消费者所提问题。

（五）气质在营销活动中针对营销人员的应用

1．把握新招收职工的气质类型

企业在招聘过程中应通过面试、口试、笔试等形式考察应聘对象的气质、性格等，然后根据岗位以及工种需要择优录取，把最符合本工作岗位的人员招收进来。

2．对现有营销人员进行心理训练

对急躁型营销人员进行自我控制训练，对沉默型营销人员进行待人接物训练，使他们从性格上适应销售工作需要，对活泼型营销人员进行注意力和耐性训练，对冷静型营销人员进行微笑训练等。

3．根据营销人员的气质类型安排适当的工作岗位

对于经过训练不能胜任的营销人员，可以为他们更换工作岗位，安排其到符合该人员气质的岗位上去。例如，将急躁型营销人员安排到安全保卫、展销会等处工作，对于沉默型的人员则安排到仓库管理岗位和流通加工岗位。要在营销队伍内部塑造高效团队，则必须将不同气质类型的人员进行优化组合，扬长避短才能达到提高营销效果的目的。

二、消费者的性格

（一）性格的概念

性格是指一个人比较稳定的对现实的态度和习惯化的行为方式。它是人的个性中最重要、最显著的心理特征，是个体本质属性的独特结合，是一个人区别于其他人的具体表现。性格决定了心理活动的方向。性格是在生理素质的基础上，在社会实践活动中逐渐形成和发展起来的，一般通过对事物的倾向性态度、意志、活动、言语等表现出来。

消费者的性格

（二）性格的特征

1．态度特征

态度特征即表现个人对现实态度的倾向性特点，是如何处理社会各方面关系的特

征。如对社会、集体、他人的态度，对工作、学习的态度，对自己的态度等。

2．意志特征

意志特征即表现个人自觉控制自己的行为及行为努力程度方面的特点。例如，是否有明确的行为目标，能否自觉调适和控制自己的行为，在意志行动中表现出的是独立、主动、坚定还是其他等。

3．情绪特征

情绪特征即表现个人受情绪影响或控制情绪状态的特点。如个人受情绪感染和支配的程度、情绪受意志控制的程度、情绪起伏波动的程度等。

4．理智特征

理智特征即表现认识心理活动过程中的个体差异的特点，一般表现在感知、记忆、思维和想象等方面。例如，在感知上是主动观察型还是被动感知型；在思维上是具体罗列型还是抽象概括型，是描绘型还是解释型；在想象上是丰富型还是贫乏型，等等。

（三）性格的类型

按照心理活动的机能不同可分为：理智型、情绪型、意志型。

按照心理活动的指向不同可分为：外向型、内向型。

按照个体行为的独立性不同可分为：独立型、顺从型。

按照消费的态度不同可分为：节俭型、自由型、保守型、顺应型。

（四）性格在营销活动中的应用

1．对待选购商品速度快或慢的消费者的策略

消费者的性格不同，选购商品的速度也有所不同。一般来说，对慢性子的消费者，营销人员要有充分的耐心，不可因为消费者选购商品的时间长而急躁，甚至显出不耐烦的表情；对急性子的消费者，营销人员对他们没有经过充分思考匆忙做出的购买决定应谨慎，及时提醒他们仔细挑选商品，防止其后悔时退货。

2．对待言谈多或寡的消费者的策略

消费者在购买活动中，有的爱说话，有的则沉默寡言。对爱说话的消费者，营销人员的接待要稳重，掌握分寸，多用纯业务性的语言，态度要热情；对沉默寡言的消费者，营销人员应根据他们的面部表情和目光注视方向等表现，及时摸清其购买意图，用客观的语言来介绍商品，尽快找出共同语言，促使消费者的购买行为实现。

3．对待犹豫或疑虑的消费者的策略

犹豫型消费者对商品的性能和特点往往不太熟悉，在选购商品时常拿不定主意。营销人员应主动帮助他们出主意，检查商品的质量，挑选合适的商品，不可弄虚作假，要以诚信为本。对疑虑型消费者，营销人员要尽量让他们自己去观察和选定商品。如果消费者有疑问，应真诚和客观地给予解释或介绍，尽可能打消他们对商品的疑虑。

4．对待购买行为积极或消极的消费者的策略

购买行为积极的消费者，购买目标明确，购买计划清晰，购买过程中的举止和语言

表达较流畅。营销人员在了解他们的意图后，应主动配合，使他们的购买行为迅速实现。购买行为消极的消费者，常常无明确的购买目标和意图，进店后能否产生购买行为在很大程度上取决于营销人员能否积极、热情、主动地接待他们，并激发他们的购买热情，引发他们的购买行为。

5. 对待不同情绪的消费者的策略

对待情绪容易激动的消费者，营销人员应注重语言艺术，要冷静、耐心地接待，不能随便开玩笑，否则，会使消费者情绪兴奋而难以控制。对待情绪温和的消费者，营销人员应主动、热情地向他们介绍商品，帮助他们选择满足其需要的商品。

三、消费者的能力

（一）能力的含义

能力是指完成某种活动必备的并直接影响活动效率的个性心理特征。消费者在营销活动中表现出来的能力，一般称为消费能力。根据消费能力范畴及其具体特点，消费者的能力一般体现在以下几个方面。

消费者的能力

（1）注意力。注意力是指消费者对营销信息的反应能力。现代营销活动中，商品和劳务信息往往以实物、文字、图案、色彩等具体形式而存在。消费者能否对其存在状态及内容做出迅速反应，往往与其注意力有关。

（2）识别力。识别力是消费者对营销信息进行“去粗取精”“去伪存真”的比较分析能力。识别能力的高低，决定着消费者是否能从众多信息中选出必要、真实、完整的信息。识别力主要受数理能力、推理能力的影响。

（3）理解力。理解力是指消费者对营销信息、内涵的正确反应能力。消费者对信息的接收，是“由表及里”逐层进行的。理解力关系到消费者是否能对信息进行全面、系统、深刻的认识。理解力一般受理解能力、空间能力、数理能力、推理能力等的影响。

（4）评价力。评价力是消费者对主观推测与客观存在吻合程度的分析比较能力。消费者的行为，往往是在将营销信息与其目标、评价标准进行一致性的评判后做出的。评价力直接决定着消费决策的正确与否。评价力是一种综合性的能力，它是前面几种能力的整合。

（二）能力的类型

根据能力的层次、作用和性质的不同，消费者的能力可以分为以下几个方面。

1. 感知能力

感知能力是消费行为的先导，是消费者对商品的外部特征和外部联系加以直接反应的能力。通过感知，消费者可以了解到商品的外观造型、色彩、气味、轻重以及所呈现的整体风格，从而形成对商品的初步印象，并为进一步分析判断提供依据，主要表现在以下几个方面。

（1）速度和准确度。对同一件商品，有的消费者能够就其外观和内部结构迅速、准确地予以感知，形成对该商品的整体印象，反映出较强的洞察事物的能力；有的消费者则感知速度缓慢、反应迟钝，不能迅速抓住商品的主要特征，形成客观、准确的认知。

（2）敏锐度。感知能力的强弱还会影响消费者对消费刺激变化的反应程度。能力强的消费者能够就商品的微小变化以及同类商品之间的细微差别加以清晰辨认；能力弱的消费者则可能忽略或者难以区分细小的变化。

2. 分析评价能力

分析评价能力是指消费者对接收到的各种商品信息，如外观、质地、颜色、款式、造型等，对其进行整理、分析、综合、比较、评价，进而对商品的优劣做出准确判断的能力。

3. 决策能力

决策能力是指消费者在充分选择、比较商品的基础上，及时果断地做出购买决定的能力。在购买过程中，决策是购买意图转化为购买行动的关键环节，也是消费者感知和分析评价商品信息结果的最终体现。

4. 记忆力、想象力

消费者在选购商品时，经常要参照和依据以往的购买、使用经验及了解的商品知识，这就需要消费者具备良好的记忆能力，以便把过去消费实践中感知过的商品、体验过的情感、积累的经验在头脑中回忆和再现出来。

想象力是消费者以原有表象为基础创造新形象的能力。丰富的想象力可以使消费者从商品本身想象到该商品在一定环境和条件下的使用效果，从而激发美好的情感和购买欲望。

（三）消费者能力上的差异

人与人之间不仅存在能力类型的差异、能力水平的差异，而且存在着能力表现时间早晚的差异。正是这些差异，决定了人们的行为活动具有不同的效率和效果。能力的差异主要表现在以下几个方面。

1. 能力水平的差异

能力水平的差异表现在同种能力的水平高低上，能力水平的高低又集中体现在人的智商水平的差异上。

根据智商分数的测试，超过130分的属于特优智能，即所谓“天才”，低于70分的则属于智力障碍者。心理学研究表明：全部人口的智力状况基本上呈正态分布：其中特优智能与智力障碍者大约各占2.5%，而95%的人的智能是在正常范围内，即介于70～130分。消费者作为与全部人口等同的最大人群，同样存在上述情况。

美国心理学家推孟抽取2～18岁的2904人选行测验得出的智商情况如表3-3所示。

表3-3 不同智商水平的人数分配

智商/分	百分比/%	级别
139以上	1	非常优秀
120～139	11	优秀
110～119	18	中上
90～109	46	中智
80～89	15	中下
70～79	6	临界智力
70以下	3	智力迟钝

2. 能力类型的差异

能力类型的差异主要是指人与人之间具有不同的优势能力。比如，有的人善于抽象思维，有的人善于形象思维；有的人善于模仿，有的人善于创造；有的人善于社交，有的人则不善交际。

（1）知觉方面的差异。知觉方面的差异有3种类型：①综合型，即知觉具有概括性和整体性，但分析能力较弱；②分析型，即知觉具有较强的分析能力，对细节感知清晰，但整体性较差；③分析综合型，具有上述2种类型的特点，即同时具有较强的分析能力和概括能力。

（2）记忆类型的差异。记忆类型的差异有如下几种：①视觉型，运用视觉记忆效果好；②听觉型，运用听觉记忆效果好；③运动型，有运动可参加时记忆效果较好；④混合型记忆，运用多种记忆效果较好。

（3）言语和思维方面的差异。有的人言语特点富于形象性，情绪因素占优势，属于生动的言语类型或形象思维类型；有的人言语特点富于概括性，逻辑因素占优势，属于逻辑联系的言语类型或抽象思维类型；还有居两者之间的混合型。在思维能力方面，每个人在思维的深刻性、灵活性和批判性等品质上又都有自己的特点。

在消费实践中，更有意义的是消费者能力类型的差异。正是由于消费者在能力类型上千差万别，才使营销活动效果明显不同。

3. 能力表现时间的差异

人的能力在表现时间的早晚上也有明显不同。比如，有的人聪明早慧，有的人则大器晚成。

（1）能力早期的显露。根据历史记载，我国许多名人在幼年时期就显露其才华。李白“五岁诵六甲，十岁观百家”；杜甫“七龄思即壮，开口咏凤凰”；明末爱国诗人夏完淳五岁知五经，九岁擅辞赋古文，十七岁壮烈牺牲。

（2）大器晚成。缺乏早期成就的人，并不能被认为将来不可能有所作为。事实上，大器晚成的人在古今中外不乏其例。要说明的是，各种不同能力在发展速度上是不同的。某些能力发展得较早，有的却很晚；到了老年，各种能力衰退速度也是不一样的。

有研究表明，首先是知觉能力发展较早，也最早开始下降，其次是记忆能力，然后是思维能力。比较、判断能力从80岁开始急速下降，动作反应速度在18～29岁发展到最高峰，在以后年龄阶段中仍保持较高的水平。从表3–4中可以看到，18～49岁这个年龄阶段，四种能力的发展水平几乎都处于最高水平，尤其是比较、判断能力的发展水平是最高的。

表3-4　不同能力的发展水平与年龄的关系

能力	年龄				
	10～17岁	18～29岁	30～49岁	50～69岁	70～89岁
知觉	100	95	93	79	46
记忆	95	100	92	83	55
比较、判断	72	100	100	87	69
动作反应速度	88	100	97	92	71

（四）能力在营销活动中的应用

1．利用消费者购买能力的差异开展营销活动

在购买活动过程中，消费者只需要具备正常的注意能力、记忆能力、思维能力、比较能力和决策能力就足以完成一般产品的购买，但对于某些特殊商品，则需要具有鉴别能力和检验能力。在市场竞争激烈和企业产品差异化突出的今天，尤其需要消费者具备某些特殊的能力。

消费者的购买行为过程，反映出消费者能力的差异。如果消费者识别能力、评价能力、决策能力以及语言能力较强，则能独立、迅速地做出购买决定，营销人员只要讲明产品的相关用途、优势等，这类消费者就会根据自己的判断和营销人员的介绍做出购买决定。如果消费者决策能力较差、分析能力较弱，则在购买中表现为优柔寡断、拿不定主意、不知是否购买，这时就需要营销人员帮助顾客分析和决策，为顾客购买决策提供参考，采取建议方法促成交易。因此，作为营销人员，要根据消费者能力的不同采取与之相适应的销售手法和服务技巧，达到达成交易的目的。

2．提高营销人员的营销能力

一个合格的营销人员需要掌握和具备对本行业有益处的相应的心理品质，即营销能力。企业的营业人员需要较强的劳动能力、操作能力、计算能力和陈列商品的能力，同时还需要具备良好的视听能力、注意的分配能力、集中能力、较好的记忆能力、推理判断能力和语言表达能力等。营销人员需要具备良好的分析判断能力、较好的语言表达能力、良好的沟通协调能力、获得信任的能力、记忆能力、决策能力、说服能力、身体语言的运用能力、包容能力等。因此，作为合格的营销人员，要根据自己所从事的工作的性质不同，锻炼和提高自己相应的营销能力，充分发挥自己的优势能力，弥补弱势能

力，避免出现因为弱势能力导致自己销售效果大打折扣的问题。

四、消费者的兴趣

（一）兴趣的含义

所谓兴趣，是一个人力求接触和认识某种事物的一种意识倾向。消费兴趣是指人们需要某一种商品的情绪倾向。兴趣是推动人们去寻求知识和从事某种活动的一种精神力量和动力。它主要表现为个体对某种事物或从事某项活动的选择性态度和积极的情绪反应。

消费者的兴趣

（二）兴趣的种类

1. 物质的兴趣和精神的兴趣

依据兴趣的内容和倾向性，可将兴趣分为物质的兴趣和精神的兴趣。物质的兴趣是指人们对物质产品的兴趣，如消费者对衣、食、住、用商品的渴望和爱好。精神的兴趣是指人们为满足精神需求而形成的态度倾向，如对旅游、养宠物的爱好等。

2. 情趣和志趣

依据人的意识参与兴趣的程度，可分为情趣和志趣。情趣，笼统地讲，凡是人们的兴趣、爱好、玩赏、消遣，都可以纳入情趣的范畴，而人们的玩赏消遣往往都是在工作或学习之余进行的，个人的真正兴趣爱好也更强烈地反映在业余活动中。这些活动贯注着人们的热情、向往、兴趣与寄托。志趣是意志作用于兴趣的结果，往往是一种偏好，如集邮、钓鱼等。

3. 直接兴趣和间接兴趣

依据兴趣与指向对象的关系，可分为直接兴趣和间接兴趣。由事物本身而引起的兴趣称为直接兴趣，表现在消费中，是消费者对商品或服务本身的需要而产生的喜爱和追求。对某种事物的本身没有兴趣，是对这种事物未来的结果有需要才产生，称为间接兴趣，间接兴趣是由于认识到活动结果的意义而产生的，这种兴趣带有一定的理性色彩，例如，认识到某门学科的重要性，在学习中逐渐产生相对稳定的兴趣。

（三）兴趣的特点

（1）倾向性。倾向性是指人的兴趣所指向的客观事物的具体内容和对象。

（2）广阔性。广阔性是指人的兴趣所指向的客观对象范围的大小。

（3）稳定性。稳定性是指人的兴趣持续时间的长短。

（4）有效性。有效性是指兴趣对人们的实际活动产生的推动力。

（四）兴趣在营销活动中的应用

1. 有助于消费者为未来的购买活动做准备

兴趣是人们积极探究某种事物的认识倾向，所以，人们做某件事的兴趣越浓厚，行动积极性就越高。当消费者积极为购买活动做准备时，他的思想就会活跃起来，注意力也放到比较同类商品上来，往往在其生活中会主动收集有关商品的信息资料，到各家商场比较同类商品，从而积累一定的商品知识，为未来的购买活动做好准备。

2. 能使消费者易于做出购买决定，促进购买行动

消费者在购买感兴趣的商品的实际过程中，由于兴趣所致，一般总是心情愉快、注意力集中，以积极认真的态度进行。当购买活动受阻时，兴趣还有助于消费者克服困难排除阻力。加上在选购前，消费者已对该商品有了一定的了解，因而能使消费者缩短决策过程，尽快做出购买决定并加以执行。

3. 可以刺激消费者对某种商品重复购买或长期使用

消费者一旦对某种商品产生持久的兴趣和信任，就会发展为一种个人偏好。国外许多研究报告指出，兴趣是影响消费者偏爱某种品牌商品的主要因素。如极端偏爱，表示消费者会持续购买某一品牌的商品，甚至会千方百计地克服购买困难而不改用其他品牌商品。专家们认为，这种极端偏爱实际上是一种消费习惯，它是兴趣稳定性的极端表现。因此，这种特殊的偏好往往能促使消费者在长期的生活中习惯地使用某种商品而形成重复性和长期性的购买行为。

总之，在商业经营活动中，善于察觉消费者对客体特殊的认识倾向，包括他们对商业经营活动中哪些事物发生兴趣或不感兴趣，是企业揣摩消费者心理、提高商业经营水平的重要环节。同时，由于兴趣存在着积极和消极两种倾向，研究消费者，还有利于企业在商业服务工作中引导与鼓励消费者的积极兴趣，发现与克服消费者的消极兴趣，从而创造良好的社会消费风气。

五、消费者的需要

（一）需要的含义

在学习消费者需要的含义之前，必须区分一下需要、欲望和需求这三个概念。

消费者的需要

需要是指人的未被满足的状态，如人们对食品、衣服、住所、安全、归属、受人尊重等方面的需要；欲望是指人们想得到某些具体满足物的愿望，人有了需要就会产生欲望；需求是指人们有能力购买并且愿意购买某个产品的愿望。科特勒特别指出，营销并不能创造人们的需要，人类自出生之日起就有需要；营销只是通过提供产品和服务满足人们的需求，进而满足和影响人们的欲望。

因此，本书中所说的消费者需要，如果不特别加以说明，一般是指消费者的需求或消费欲望。消费者需要是指消费者生理和心理上的匮乏状态，即感到缺少某些东西和因为想获得它们而产生内心紧张的状态。

（二）需要的分类

（1）根据需要的起源分类，可以分为生理性需要和社会性需要。

（2）根据需要的对象分类，可以分为物质需要和精神需要。

（3）根据需要的形式分类，可以分为生存的需要、发展的需要和享受的需要。

（4）根据马斯洛的需要层次理论，可以分为生理的需要、安全的需要、爱与归属的需要、尊重的需要、求知的需要、审美的需要、自我实现的需要7种。

（三）需要的主要特征

1．多样性

消费者需要的多样性以及由多样性带来的差异性是消费者需要的基本特征，这种多样性主要表现在以下3个方面。

（1）消费者对商品或服务的功能的多种需要。

（2）消费者对产品品种和种类的多样性的需要。

（3）消费者对产品的显性需要和潜在需要的多样性。

2．发展性

消费者的需要呈现出一定的层次结构，并不断发展，这主要体现在以下2个方面。

（1）同一层次需要的发展性。例如，消费者在生存层次上的发展性呈现出由低到高的发展。人们吃饱了肚子之后，还会要求吃好，吃好了还会要求吃精，吃得有营养；城市的三口之家住上了80平方米的住房，还想住更大面积的房子，如果有条件的话可能还想买第二套住房，甚至别墅。

（2）不同层次需要的发展性。人们在满足了生存、安全等方面的需要之后，还会要求满足自我尊重、自我实现的需要。人的需要和消费总是随着社会生活的进步由低到高发展。

3．复杂性

消费者需要的复杂性主要体现在以下3个方面。

（1）消费者需要的伸缩性。所谓伸缩性，是指消费者对某些商品或服务的需求会因为价格、支付能力、利率以及对未来的预期的改变而发生一定程度的变化，也就是需求具有弹性。此外，伸缩性还表现在消费者对需要追求的层次、内容和程度上差别很大。

（2）消费者需要的可变性。消费者需要的可变性主要受客观经济环境的影响。

（3）消费者需要的周期性。所谓周期性，是指消费者对某些产品或服务的需求在一定时期内会呈现循环往复的变化。例如，人们对饮食、服装、休闲娱乐的需要等常常呈现周期性的变化。

4．可诱导性

消费者的需要会受到环境因素的影响，这种环境因素可以是社会环境的变迁、科学技术的进步、消费观念的更新、社会交往的扩大、生态环境的变化以及广告宣传的引导等。它们都有可能改变消费者需要的指向、强弱、显性或潜在性。消费者需要会随着环境因素的改变而发生内容、层次、方向和强弱的改变。这说明消费者的需要既是可变的，也是可诱导的。针对消费者需要的可诱导性，企业可以通过开展广告宣传、倡导消费时尚、创造示范效应、进行促销刺激等方法诱导消费需要。

（四）消费者对提供物的具体需要

除了上述对消费者需要的分类研究之外，还可以从消费者对提供物（企业所提供的各种产品和服务）的具体需要来分析。一般来说，消费者对提供物的具体需要有以下6个方面。

1. 对提供物使用价值的需要

消费者购买企业的提供物主要是购买其使用价值，而提供物的使用价值主要包括提供物的基本功能、附加功能、相应的质量以及安全保障等。例如，消费者购买一套商品房，其基本功能要求是能够满足居住的需要，附加功能要求是有优美的环境和良好的物业服务，质量要求是符合购买价格所对应的水准，安全保障要求是具有一定的抗震能力等。

2. 对获取提供物便利性的需要

在现代经济生活中，消费者对购买和使用提供物的便利性提出了越来越高的要求。换句话说，便利性的需要趋势是要求购物越来越省心，花费的时间和精力越来越少。

3. 对提供物审美功能的需要

消费者在基本的使用价值需要得到满足之后，还会产生对提供物审美的需要，要求提供物在工艺设计、造型、色彩、装饰、包装、风格、服务环境等方面具有较高的审美价值。消费者的审美需要是一种普遍的、永恒的需要，是要求提供物使用价值和审美价值相统一的需要。此外，具有审美价值的商品本身也会对消费者更具吸引力。

4. 对提供物情感功能的需要

所谓对提供物情感功能的需要，是指消费者要求提供物蕴藏一定的感情色彩，能够外化消费者的情绪，具有在人际交往过程中承担情感沟通媒介的功能，消费者通过购买和使用提供物可以获得情感的补偿、追求和寄托。当然，提供物本身是不具备情感的，而是当提供物和消费者的情感相呼应时，其功能、色彩、风格等就被消费者赋予了情感。

5. 对提供物社会象征性的需要

社会消费环境会赋予提供物一定的象征意义。例如，别墅、豪华汽车、名牌服装、珠宝首饰等产品价格十分昂贵、数量稀少、加工精细，适用范围较小，一般消费者不会购买，只有少数具有雄厚财力的人才会购买。

6. 对享受提供物良好服务的需要

除了上述需要之外，消费者还要求在购买和使用提供物的过程中享受细致、完善和良好的服务并获得尊重。同时，消费者在产品的安装、使用、维修上也要求更加方便、快捷，寻求购买的提供物的价值最大化。事实上，在企业提供物高度同质化的今天，服务质量的竞争已经成为企业竞争的主要手段之一。

（五）消费者需要在营销活动中的应用

1. 利用消费者需要的多样性开展丰富多彩的营销活动

由于消费者的需要具有多样性，所以为了满足不同消费者的心理需要，必须开展各种针对其消费需要的营销活动。企业要通过不断地研发新产品，经常性开展促销活动，采取有效的营销组合策略，建立全方位的、宽渠道的销售网络等来满足消费者多样化的需要。

2．利用消费者需要的发展性加快产品更新换代速度

消费者的需要随着社会的发展在不断地变化，这要求企业为了适应消费者需要的变化而及时地开发出消费者需要的产品，加快产品更新换代的速度，引导消费潮流，因为当消费者的一种需要得到满足后就会产生新的消费需要。

3．利用消费者需要的层次性合理定位产品

按照消费需要层次论，消费者的需要总是由低层次向高层次方向发展，不同层次的消费者的消费需要不同，所以企业可以通过对自己产品进行合理的定位来满足不同层次的消费者的需要。例如，将产品进行高、中、低档的定位并在不同的场所销售，对产品采取不同层次的包装以满足不同消费者的需要，针对不同市场的产品采取差别定价方法等。

4．利用消费者需要的伸缩性刺激消费者的需要

因为消费者的消费需要具有很强的伸缩性，消费者的需要程度容易受销售现场情景的影响，企业应通过各种营销活动激发消费者的消费需要并使其产生购买行为，使得消费者扩大对产品的消费需要，从而达到扩大产品销售的目的。

5．利用消费者需要的替代性和互补性扩大产品销售

企业在开展营销活动的过程中不仅可以开发可替代性的产品来替代原有产品以达到抢占市场的目的，还可以利用产品的互补性原理，借用销售处于旺销的产品来扩大自己产品的销售，通过挖掘自己产品与旺销产品的内在联系来达到促进自己产品销量的目的。

六、消费者的动机

（一）消费动机的概念

动机是指推动个体采取行动的内在驱动力，这种驱动力是由需要没有得到满足而产生的紧张状态所引起，并维持和促使活动朝向某一目标进行。

消费者的动机

引起动机的条件包括内外两大类：内在条件是需要，外在条件是诱因。诱因是指驱使个体产生一定行为的外在刺激，诱因既可以是物质的，也可以是精神的。诱因一般分为正诱因和负诱因，正诱因是指能够满足消费者的需要，从而引起个体趋向和接受的刺激因素。负诱因则是指那些导致消费者需要不能得到满足，消费者希望逃离和避开的刺激因素。

消费者的动机既源于内在的需要，也源于外在的刺激，或者由于内在需要和外在刺激的共同作用。

（二）消费动机的特点

1．内隐性

动机的内隐性是指消费者的动机是连接刺激与反应的中介变量，不能被直接观察

到。消费者或者由于各种原因不愿意透露自己的真实动机，或者对自己的购买动机只了解一部分，甚至自己也说不清购买产品的具体动机。因此，企业或营销人员在调查分析消费者的动机时应当注重方法的科学性，谨慎求证。

2. 多重性

动机的多重性是指消费者的某一购买行为往往不是由单一的动机驱使，隐含着多种动机，各种动机在强度上存在差异，在特定情形中，某一种或几种动机占主导地位。企业在选择营销策略时，应尽量兼顾消费者的多重动机。例如，汽车广告中既要说明汽车优良的性能带给消费者的便利，又要通过使用各种符号展示产品的奢华与高档，以作用于消费者的求便利、求美、好胜、自我显示等多重动机。

3. 可诱导性

动机的可诱导性是指消费者动机的指向目标和强度是可以被诱导的。消费者动机的诱导建立在认知学习的基础上，消费者动机被诱导改变的过程，实际上也是消费者学习、建立产品及其购买和使用知识的过程。所谓诱导，即企业或营销人员针对消费者购买主导动机指向，运用各种手段和方法，例如，向消费者发放各种产品介绍资料，面对面地进行产品说明等，使消费者的购买动机得到强化，从而做出购买决策。

4. 可变性

在消费者的诸多消费需要中，往往只有一种需要占主导地位，即优势消费需要。同时还具有许多辅助的需要。当外部条件具备时，占主导地位的消费需要将会产生主导动机，辅助性的需要将会引起辅助性的动机。主导性的动机能引起优先购买行为。一旦消费者的优先购买行为实现，优势消费需要得到满足，或者消费者在购买决策过程或购买过程中出现新的刺激，原来的辅助性购买动机便可能转化为主导性购买动机。

（三）消费者购买动机的类型

消费者的购买动机是复杂多样的。从大的方面来看，有生理性购买动机和心理性购买动机两种。在人的购买行为中，往往既有生理性的购买动机，又有心理性的购买动机，两者相互交织在一起，不易区分，不便于制定出有指导性的营销方案。这就需要对消费者的购买动机进行更详细的研究。具体来说，消费者的购买动机主要有以下10种。

1. 求便动机

这是一种以方便购买、便于使用和维护为主的购买动机，在购买价值不高的日用品时，消费者常常具有这种购买动机。对于这类商品，消费者经常购买，经常使用，购买时也不认真挑选，讲求便利是其主要特征，另外，他们对服务也有一定的要求。

2. 求实动机

这是一种以注重商品或劳务的实际使用价值为主要目的的购买动机。消费者在购买商品或服务时，特别重视商品的实际效用、功能质量，讲求经济实惠、经久耐用，而对商品的外观、造型、色彩、商标、包装等不大重视。消费者在购买这类产品时大都比较认真仔细地挑选，基本上不受广告宣传的影响。

3. 求美动机

这是一种以注重商品的欣赏价值和艺术价值为主要目的的购买动机。消费者购买商品时特别重视商品对人体的美化作用、对环境的装饰作用、对其身体的表现作用和对人的精神生活的陶冶作用，追求商品的美感带来的心理享受。

4. 求廉动机

这是一种以注重商品价格低廉，希望付出较少的货币而获得较多的物质利益为主要特征的购买动机。价格敏感是这类消费者的最大特点。在购买时不大看中商品的外观造型等，而是受处理价、优惠价、大特价、清仓价、“跳楼价”等的影响较大。

5. 求名动机

这是一种以追求品牌商品或仰慕某种传统的名望为主要特征的购买动机。消费者对商品的品牌、商品的名声等特别重视。喜欢购买名牌产品的消费者在购买时受商品的知名度和广告宣传等影响较大。一般而言，青年人、收入水平较高的人常常具有这种购买动机。

6. 偏好动机

这是一种以某种商品、某个品牌和某个企业为主的购买动机。消费者由于经常使用某类商品或某一种品牌，渐渐产生了感情，对这种商品、这个品牌或这个企业的产品产生了偏爱，经常指明购买，因此有时也称为惠顾动机。企业注重服务，善于树立产品形象和企业形象，往往有助于培养、建立消费者的偏好动机。

7. 求同动机

这是一种以求得大众认可的购买动机。消费者在购买商品时主要以大众化为主、跟上潮流即可，人有我有，不求创新，也不要落后，有时也称为大众动机。在购买时受购买环境和别人的经验、介绍推荐影响较大。

8. 自我显示动机

这是一种以显示地位、身份和财富势力为主要目的的购买动机。消费者在购买商品或从事消费活动时，不太重视消费支出的实际效用而格外重视由此表现出来的社会象征意义，通过购买或消费行为体现出身份、权威或名流的形象。具有显示动机的人与具有好胜动机的人相比，通常所处的社会阶层高，而又经常与其他阶层的人在一起，为了与众不同，常常购买具有社会象征意义的商品。

9. 好胜动机

这是一种以争强好胜或为了与他人攀比并胜过他人为目的的购买动机。消费者购买商品不是为了实用而是为了表现比别人强。在购买时主要受广告宣传、他人的购买行为所影响。拥有好胜动机的人通常对高档、新潮的商品特别感兴趣。

10. 求新动机

这是以注重商品的新颖、奇特和时尚为主要目的的购买动机。消费者在购买商品时，特别重视商品的外观、造型、式样、色彩和包装等，追求新奇、时髦和与众不同，而对陈旧落后的东西不屑一顾。在购买时受广告宣传、社会环境和潮流导向影响很大。具有这种购买动机的消费者一般来说观念更新较快，容易接受新思想、新观念，生活也较为富裕，追求新的生活方式。

（四）动机在营销活动中的应用

当企业采取各种措施识别了消费者的动机之后，就应有针对性地采取相对应的营销策略。基于消费者动机调查基础之上的营销策略主要包括两大方面。

1. 针对消费者现有动机进行营销

（1）注意消费者购买动机的多重性，在营销宣传工作中，应强调产品提供的多种利益，以迎合消费者的购买动机并提高驱动力水平。

（2）对于隐性动机，由于人们不愿意公开承认，往往要采取间接沟通的方式，例如，某高档汽车品牌的广告中通过一位看上去很富有的人驾车来到一家豪华的俱乐部门前的画面，激发消费者内隐的自我显示动机。

（3）一则广告的诉求重点只能放在一个或少数几个购买动机上，诉求点太多会冲淡主题，影响消费者的记忆与理解，但又不可忽视某个动机。因此，企业要注重营销传播体系的建立，使各种营销传播活动与消费者显性、隐性的多种动机相配合。

2. 对消费者的动机进行激发或施加影响

企业对消费者的动机进行激发或施加影响的途径主要有以下几种。

（1）开发设计具有吸引力的产品。现在市场上的商品花样繁多，质量越来越好，要激发消费者的购买动机，就要注意突出产品的个性，做到以人为本，从质量、功能、包装、风格等多方面改进产品，通过有特色的产品激发消费者的购买动机。

（2）利用广告宣传，激发消费者产生新的购买动机。例如，当代年轻人普遍具有结婚时购买钻石的强烈动机，其中除了西风东渐的文化变迁外，那句耳熟能详的广告语"钻石恒久远，一颗永流传"，在其中发挥的作用也是不可忽视的。

（3）通过情境和人员服务影响消费者动机。因为动机与需要的内隐性，情境和现场服务对消费者动机的激发与影响也是不可忽视的。另外，好的购物环境和服务本身也会成为激发消费者购买动机的组成部分。

（五）动机冲突与营销策略

动机冲突实际上是指消费者面临两个或两个以上购买动机时，很难做出决策的一种矛盾心理状态。通常，消费者的动机冲突有以下3种类型。

（1）趋近—趋近型冲突。消费者至少有两个具有吸引力的目标，可能因某种情况无法同时满足，即两者必选其一。在这种情况下，一方面各种动机的强度越接近，消费者逐渐体验到冲突的吸引力，企业要提高消费者购买本企业产品的动机强度，另一方面也要注意在购买后进一步提供信息或服务，帮助消费者减少购买后动机失调的可能，以利于巩固营销成果和培养忠诚顾客。

（2）趋近—回避型冲突。在趋近—回避型冲突中，消费者面临的是一个积极与消极并存的情境。消费者在趋近某一目标时又想避开因此而造成的动机冲突。这种冲突普遍存在，例如，喜欢吃巧克力的人就会出现这样的动机冲突；一方面对美味的巧克力有趋近的动机；另一方面又认为巧克力吃多了对身体健康有害，从而产生回避购买巧克力的动机。营销人员应采用灵活的方法为消费者消除其动机冲突，例如，提供信息让消费者了解既能享受美味，又不危害健康的方法，或改进产品，消除引起回避动机的因素等。

（3）回避—回避型冲突。它是指消费者在2个都希望回避的情境中，只能回避其一，而不可能同时回避2种动机，因而形成双回避式冲突。例如，消费者既不想花钱买新电视，让人上门维修旧电视又感到不值得，就是一种回避—回避型动机冲突。当消费者表现为这种动机冲突时，可以通过营销宣传来强调产品的价值和特殊利益，消除或部分消除消费者的错误以及不全面的理解；也可以采取措施帮助消费者减少不利的结果，例如，可以以旧换新、分期付款等方式来减少消费者的动机冲突。

自学自测

一、单选题

1（　　）营销人员具有明显的多血质外向气质特征。

A．急躁型　　B．活泼型

C．温顺型　　D．冷静型

2 性格类型分为内向型和外向型的依据是（　　）。

A．心理活动机能　　B．心理活动指向

C．个体行为独立性　　D．消费的态度

3（　　）是意志作用于兴趣的结果，往往是一种偏好。

A．直接兴趣　　B．间接兴趣

C．志趣　　D．情趣

4 消费者需要的（　　）是指消费者对某些产品或服务的需求在一定时期内会呈现循环往复的变化。

A．周期性　　B．可变性

C．伸缩性　　D．发展性

5 在购买价值不高的日用品时，消费者常常具有的购买动机为（　　）。

A．求便动机　　B．求实动机

C．求美动机　　D．求名动机

6 高级神经活动类型属于兴奋型的消费者属于下列哪种气质？（　　）。

A．黏液质　　B．多血质

C．胆汁质　　D．抑郁质

二、多选题

1 气质的形成和表现具有的基本特征有（　　）。

A．先天性　　B．差异性　　C．稳定性

D．变化性　　E．独特性

2 对活泼型营销人员需要进行（　　）训练。

A．注意力　　B．耐性　　C．微笑

D．变化性　　E．沟通技巧

3（　　）的差异构成了人的能力的个别差异。

A．动手能力　　B．一般能力　　C．特殊能力

D．能力发展　　E．创新能力

4 决策能力还与消费者对商品的（　　）有关。

A．认识程度　　B．吸引程度　　C．使用经验

D．购买习惯　　E．价值观

5 在购买活动中，兴趣对消费者购买行为有直接的影响，表现在（　　）。

A．有助于消费者为未来的购买活动做准备

B．有助于消费者做出购买决策

C．有助于消费者重复购买某种商品

D．有助于消费者提高购买的效用

E．促使消费者关注和寻找相关的商品信息

6 兴趣的特征有（　　）。

A．倾向性　　B．广阔性　　C．稳定性

D．有效性　　E．持久性

7 实施消费需求的引导具有哪些重要的作用？（　　）。

A．是国家实现宏观调控目标的重要手段

B．可以促进企业提高经济效益

C．可以帮助消费者提高消费生活的质量

D．有利于社会经济的快速发展

E．有助于形成健康的市场环境和消费文化

8 反映个性差异的特征包括（　　）。

A．理想　　B．动机　　C．气质

D．性格　　E．能力

三、判断题

1 顺应型性格的消费者的消费态度表现为比较谨慎，习惯于传统的消费方式。（　　）

2 对爱说话的消费者，营销人员的接待要稳重，掌握分寸，多用纯业务性的语言。（　　）

3 消费者的决策能力直接受个人性格和气质的影响。（　　）

4 引起动机的条件包括内外两大类，其中内在条件是诱因。（　　）

5 在趋近—回避型冲突中，消费者面临的是一个积极与消极并存的情境。（　　）

四、简答题

1 在与销售人员的接触方式上，多血质和胆汁质的消费者在表现上有什么区别？
2 举例说明对待言谈多或寡的消费者的策略。
3 提高营销人员的营销能力主要包括哪些方面？
4 针对消费者需要的多样性，应如何开展相应的营销活动？
5 如何针对消费者的气质特点做好营销工作？
6 能力的分类与差异有哪些？

课中实训

实训一　调研分析消费者的气质

任务1　观察不同气质的消费者在营销过程中的表现

任务描述　以小组为单位，各自回忆自己的消费经历，观察记录不同气质的消费者在具体营销活动中的表现。分析每种营销活动涉及的相关表现，小组成员讨论总结气质特征，请将研究成果做成展示PPT，并将要点记录在表3-5中。

表3-5　识别消费者气质表现的营销活动调研

调研项目	消费活动描述	营销活动中消费者气质的表现
营销活动1		
营销活动2		
营销活动3		
营销活动4		
营销活动5		
总结	不同气质消费者的消费特征：	

任务2　针对不同气质类型的消费者设计营销活动策略

任务描述　以小组为单位，选择6个不同行业，每个组员选择其中1个行业，假如你是这个行业企业连锁门店的营销管理者，针对不同气质类型的消费者设计营销策略。请将研究成果做成展示PPT，并将要点记录在表3-6中。

表3-6　基于消费者不同气质类型的营销活动策略

消费者气质类型	消费者特征	营销策略
连锁门店主营业务		
胆汁质		
黏液质		
多血质		
抑郁质		

实训二　调研分析消费者的性格

任务1　观察不同性格的消费者在营销过程中的表现

任务描述　以小组为单位，各自回忆自己的消费经历，观察记录在某种消费活动中不同性格的消费者的表现。分析每种营销活动涉及的相关表现，小组成员讨论总结性格特征，请将研究成果做成展示PPT，并将要点记录在表3-7中。

表3-7　识别消费者性格类型的营销活动调研

调研项目	消费活动描述	营销活动中消费者性格特征
营销活动1		
营销活动2		
营销活动3		
营销活动4		
营销活动5		
总结	不同性格消费者的消费特征：	

任务2　针对不同性格类型的消费者设计营销活动策略

任务描述　以小组为单位，选择6个不同行业，每个组员选择其中1个行业，假如你是这个行业企业连锁门店的营销管理者，针对不同性格类型的消费者设计营销策略。请将研究成果做成展示PPT，并将要点记录在表3-8中。

表3-8　基于消费者性格差异的营销活动策略

调研项目	消费者特征	营销策略
理智型		
情绪型		
意志型		

实训三　调研分析消费者的能力

任务1　观察不同能力的消费者在营销过程中的表现

任务描述　以小组为单位，各自回忆自己的消费经历，观察记录在某种消费活动中不同能力的消费者的表现。分析每种营销活动涉及的相关表现，小组成员讨论总结能力特征，请将研究成果做成展示PPT，并将要点记录在表3–9中。

表3-9　识别消费者能力特征的营销活动调研

调研项目	消费活动描述	营销活动中消费者能力特征
营销活动1		
营销活动2		
营销活动3		
营销活动4		
营销活动5		
总结	不同能力消费者的消费特征：	

任务2　针对不同能力类型的消费者设计营销活动策略

任务描述　以小组为单位，选择6个不同行业，每个组员选择其中1个行业，假如你是这个行业企业连锁门店的营销管理者，基于多样化的目标人群的群体特点，试分析并描述其购买能力特征，并为其设计差异化营销策略。请将研究成果做成展示PPT，并将要点记录在表3–10中。

表3-10　基于消费者能力特征设计营销活动策略

消费者能力类型	消费者购买能力特征	营销策略
银发族（老年人）		
城市新中产阶级		

续表

消费者能力类型	消费者购买能力特征	营销策略
新生代（12～22岁）		
12岁以下儿童		

实训四　调研分析消费者的兴趣

任务1　观察不同兴趣的消费者在营销过程中的表现

任务描述　以小组为单位，检索相关资料，调研基于消费者不同兴趣开展的营销活动。分析每种营销活动内容涉及的具体兴趣指向，请将研究成果做成展示PPT，并将要点记录在表3-11中。

表3-11　识别消费者兴趣类型的营销活动调研

调研项目	消费活动描述	营销活动中涉及的消费者兴趣类型
营销活动1		
营销活动2		
营销活动3		
营销活动4		
营销活动5		
总结	不同兴趣消费者的消费特征：	

任务2　针对不同兴趣类型的消费者设计营销活动策略

任务描述　以小组为单位，选择6个不同行业，每个组员选择其中1个行业，假如你是这个行业中某连锁门店的营销管理者，针对不同兴趣类型的消费者设计营销策略。请将研究成果做成展示PPT，并将要点记录在表3-12中。

表3-12　基于兴趣差异的营销活动策略

消费者兴趣差异	消费者特征	营销策略
物质兴趣/精神兴趣		
情趣/志趣		
直接兴趣/间接兴趣		

实训五　调研分析消费者的需要

任务1　观察不同需要的消费者在营销过程中的表现

任务描述　以个人为单位，回忆自我消费经历，观察记录。分析自身基于对产品/服务不同价值的需要而产生的消费活动，并将消费产品/服务名称及消费时所参与的营销活动策略择要点记录在表3-13中。

表3-13　不同需要消费者的营销活动调研

调研项目	对提供物的不同需要	消费时参加的营销活动
产品/服务1	对使用价值的需要	
产品/服务2	对便利获取的需要	
产品/服务3	对审美功能的需要	
产品/服务4	对情感功能的需要	
产品/服务5	对社会象征性的需要	
产品/服务6	对享受良好服务的需要	
总结	不同需要消费者的消费特征：	

任务2　针对不同需要类型的消费者设计营销活动策略

任务描述　以小组为单位，选择6个不同行业，每个组员选择其中1个行业，假如你是这个行业企业连锁门店的营销管理者，针对不同需要类型的消费者设计营销策略。请将研究成果做成展示PPT，并将要点记录在表3-14中。

表3-14　基于不同需要的营销活动策略

消费者需要类型	营销策略

实训六　调研分析消费者的动机

任务1　观察不同动机的消费者在营销过程中的表现

任务描述　以小组为单位，综合组内成员消费经历，回忆并记录在不同消费活动中展现出的不同消费动机，并将商品名称、品类记录下来，综合讨论，不同品类商品的消费动机有何区别？请将研究成果做成展示PPT，并将要点记录在表3-15中。

表3-15　不同动机消费者的营销活动调研

调研项目	消费活动描述	消费动机特征
调研商品品类描述		
求便动机		
求实动机		
求美动机		
求廉动机		
求名动机		
偏好动机		
求同动机		
自我显示动机		
好胜动机		
求新动机		
总结	不同动机消费者的消费特征：	

任务2　针对不同动机类型的消费者设计营销活动策略

任务描述　假如你是某行业企业连锁门店的营销管理者，针对不同消费者动机冲突类型设计营销策略。请将研究成果做成展示PPT，并将要点记录在表3-16中。

表3-16　基于不同动机的营销活动策略

消费者动机冲突类型	消费情境描述	营销策略
趋近—趋近型冲突		
趋近—回避型冲突		
回避—回避型冲突		

思政园地

大学生信贷要树立正确消费观

信贷产品能更好地满足消费者的消费需求。它的兴起有利于激发消费者的消费热情，拉动消费的增长，带动我国经济的发展。但是信贷产品也有其弊端，它很容易使人消费膨胀，从而陷入负债的深渊，轻则财产受损，重则家破人亡。当代很多大学生还没有树立良好的消费观，养成良好的消费习惯，容易被一些新的事物吸引，很容易冲动消费，陷入信贷产品的沼泽。为了避免信贷产品带来的危害，当代大学生应当树立以下消费观。

（1）理性消费。自觉了解并判断自身的消费能力，理性了解自身的购物需求是否贴合自身实际，秉承“三思而后行”的原则。

（2）适度消费。在消费之前可根据自身当前的收入水平和收入预期来判断是否可以负担所要购买的产品。

（3）绿色消费。当今人类面临着严峻的资源短缺和环境破坏，人们应当坚持“可持续性发展”的原则，在购物中选购绿色环保产品。

（4）勤俭节约。勤俭节约是中国传统美德，在资源浪费化的当下更显其重要性。人们在购物时应考虑自身是否真的需要该产品，避免造成浪费。

数字营销

小米SU7的数据营销实践

小米作为一个全球知名的科技品牌，一直致力于通过创新的技术和营销策略来提升品牌影响力和市场份额。在数据营销方面，小米展现了出色的实力和洞察力。

精准的目标市场定位：小米SU7在发布前，通过大数据分析，精准定位了目标消费群体，主要是年轻、追求科技感和性价比的消费者。小米针对这一目标群体，制定了相应的营销策略，确保信息能够精准触达潜在用户。

数据驱动的营销策略：在SU7上市发布会前，小米通过社交媒体和电商平台进行了大量的预热活动，利用数据分析预测消费者的兴趣和需求，制定个性化的推广内容。另外，小米还通过数据监测和分析，实时调整营销策略，确保营销活动的有效性和针对性。

创始人IP与品牌结合：小米创始人雷军在品牌营销中扮演了重要角色。通过打造雷军个人IP，小米成功地将创始人形象与品牌形象相结合，增强了品牌的亲和力和可信度。

跨界联名与话题营销：小米SU7在营销过程中，还采用了跨界联名的方式，与多个知名品牌进行合作，共同推出联名产品或活动。通过跨界联名，小米不仅扩大了品牌的影响力，还成功吸引了更多潜在用户的关注。同时，小米还善于捕捉和制造话题，通过话题营销引发消费者的讨论和关注，进一步提升品牌的曝光度和知名度。

小米SU7的数据营销实践充分展示了品牌在数据分析和运用方面的实力。通过精准的目标市场定位、数据驱动的营销策略、创始人IP与品牌结合以及跨界联名与话题营销等策略，小米成功提升了品牌的知名度和影响力，并取得了显著的销售业绩。

资料来源：网络整理。

课后拓展

实践训练

训练项目　挖掘无糖气泡水产品消费的需要和动机

实训目标

1 掌握消费者动机形成的三要素。

2 能够观察和剖析消费者行为背后的需要和动机。

内容与要求

1 通过网络或实地调研，找出目前市场上无糖气泡水的主要品牌，对比分析不同品牌的主打卖点和宣传方式。

2 以马斯洛需要层次论为基础，分析无糖气泡水产品引爆饮料市场的原因，即它最主要的是满足了消费者哪个层次的需要。

3 至少访谈2位消费者，采用阶梯询问法等提问方式，找出消费者购买无糖气泡水的具体动机，挖掘消费者的潜在需求。

4 将一手资料和二手资料结合起来，形成一份具体的分析报告。

成果与检测

1 目前市场上无糖气泡水品牌的分析对比如表3-17所示。

表3-17　市场上无糖气泡水品牌的分析对比

比较项目	主打卖点	宣传方式	广告语	传播媒介	产品包装图
品牌1					
品牌2					
品牌3					
品牌4					
品牌5					

2 消费者购买无糖气泡水的购买动机和需求分析报告。

营销策略

针对消费者购买动机的营销策略制定训练

情境设计

以实训小组为单位，在学校附近选择一家大型超市，对消费者购买动机进行抽样调查和分析，在此基础上提出相应的营销策略，并撰写《××超市针对××消费者购买动机的营销策略报告》。

技能考核

专业能力训练领域、技能点及参照标准见表3-18。

表3-18 技能考核参照标准

能力领域	技能点	名称	参照标准
针对消费者购买动机的营销策略制定训练	技能1	利用购买动机差异性进行市场细分	1. 能依照消费者购买动机的类型的不同，进行消费者市场细分 2. 能较成功地寻找目标市场 3. 能较成功地依据目标市场的不同制定针对性的营销策略
	技能2	激发和诱导消费者购买动机	1. 能依据动机形成过程，制定营销策略激发消费者的购买动机 2. 能依据动机变化规律，制定营销策略诱导和改变消费者购买动机

第四章

群体心理特征及倾向

动画：折中效应

学习目标

知识目标

1. 掌握社会文化、社会阶层、消费流行、消费习俗对消费心理的影响。
2. 掌握不同性别、不同年龄、不同职业消费者的心理与行为特征。
3. 掌握家庭生命周期的特征及相应阶段的消费特征。

能力目标

1. 能根据市场状况对消费者群体进行细分。
2. 能根据不同消费者群体的消费心理特征开展相应的营销活动。
3. 能根据家庭消费特征开展相应的营销活动。

素质目标

1. 具备不同文化和社会背景下的市场洞察能力，能够识别不同文化背景下的消费者心理需求，为跨国或跨地区的营销活动提供建议。
2. 具有敏锐的职业洞察力和消费心理分析能力，能够熟练掌握根据性别、年龄、职业等人口统计学特征细分消费者群体的方法。

思维导图

- **第四章 群体心理特征及倾向**
  - **课前自学**
    - 社会文化与消费心理
      - 文化的含义、文化的特点、文化对消费心理的影响、全球文化
    - 社会阶层与消费心理
      - 社会阶层的概念、社会阶层的划分、社会阶层的特征
    - 消费流行与消费心理
      - 消费流行的含义、消费流行的分类、消费流行的特点、消费流行的发展阶段、消费流行对消费心理的影响
    - 消费习俗与消费心理
      - 消费习俗的含义、消费习俗的分类、消费习俗的特点、消费习俗对消费心理的影响
    - 人口特征与消费心理
      - 不同年龄阶段的消费者群体的消费心理、不同性别消费者群体的消费心理、不同职业消费者群体的消费心理、网络消费群体的消费心理
    - 家庭因素与消费心理
      - 家庭生命周期、家庭生命周期中的消费变化、家庭消费角色、家庭消费决策
  - **课中实训**
    - 实训一 调研分析社会文化心理效应
      - □ 任务1 调研营销活动中的社会文化差异
      - □ 任务2 根据社会文化差异制定营销策略
    - 实训二 调研分析社会阶层心理效应
      - □ 任务1 调研营销活动中的社会阶层差异
      - □ 任务2 根据社会阶层差异制定营销策略
    - 实训三 调研分析消费流行心理效应
      - □ 任务1 调研营销活动中的消费流行
      - □ 任务2 根据消费流行特征制定营销策略
    - 实训四 调研分析消费习俗心理效应
      - □ 任务1 调研物质类消费习俗
      - □ 任务2 调研社会文化类消费习俗
      - □ 任务3 根据消费习俗制定营销策略
    - 实训五 调研分析人口特征心理效应
      - □ 任务1 根据年龄心理特征制定营销策略
      - □ 任务2 根据性别心理特征制定营销策略
      - □ 任务3 根据职业群体心理特征制定营销策略
      - □ 任务4 根据网络消费群体心理特征制定营销策略
    - 实训六 调研分析家庭因素心理效应
      - □ 任务1 调研不同家庭生命周期消费特征
      - □ 任务2 根据不同家庭生命周期消费特征制定营销策略
  - **课后拓展**
    - 实践训练
    - 营销策略
    - 技能考核

课前自学

一、社会文化与消费心理

（一）文化的含义

从狭义上讲，文化是一种社会意识形态，包括政治、法律、道德、哲学、文学、艺术、教育、宗教等形式。

社会文化与消费心理

从广义上讲，文化是人类在社会历史发展过程中所创造和积累的物质财富和精神财富的总和。文化可以分成三类：一是物质文化；二是精神文化；三是行为文化。

文化是一种社会历史现象，每一个社会都有与之相适应的社会文化。不同国家由于历史、地理、民族以及物质生活方式等方面的差异，形成了各自独特的社会文化，东方文化和西方文化就有很大的差异。

（二）文化的特点

（1）无形性。毋庸置疑，文化对人的行为存在影响，但这种影响对于身处特定文化中的人们来说，往往不能清楚地被认识到或被感觉到。因为社会文化的影响已经造就和形成了人们的行为习惯和思维定式。只有当人们接触到其他类型的文化，或身处其他文化环境中时，才会从不同文化影响的差异中感受到文化对自己的影响。

（2）共享性。一种文化归属于一定的社会范围，是这个社会范围内的社会成员在生产劳动和社会生活中共同创造的，为全体成员共同所有，并对该社会中的每个社会成员都产生深刻的影响，社会成员不会因其社会地位不同、贫富悬殊等差异而失去享受文化的权利。因此，同一文化环境中的社会成员在心理倾向和行为方式上表现出某些共同特征。

（3）民族性。任何文化都是依附于一定的民族基础而存在的，任何一个民族都有自己的文化。在长期的发展过程中，每个民族都形成了自己的语言、文字、民族传统以及生活方式、风俗习惯、宗教信仰、伦理道德和价值观念等，使文化具有鲜明的民族性。

（4）变化性。文化一经形成，就会在相当长的时间内保持稳定。中华民族的文化传承至今已经沿袭了几千年，但并不表明一成不变。人类社会始终处在不断变化和发展的过程之中，文化必然会随之发生变化。与之相适应，消费者的兴趣爱好、生活方式、价值观念等也必然随之发生变化和调整，这很敏感地反映到消费市场上来。社会文化的这种变化性为企业提供了重要的市场机会。因此，企业要敏锐地抓住消费者观念的变化，及时开发适合消费者新的消费趋向的商品和服务，确保在激烈的市场竞争中占据主动地位。

（5）适应性。每个国家、地区和民族都有自己独特的风俗习惯、宗教信仰、价值观念和民族性格等，形成了不同社会文化的差异性。特别是从事跨国经营的企业，保持高度的文化适应性更是企业成功的先决条件。

（三）文化对消费心理的影响

1. 社会的主导意识形态与人的价值观的影响

整个社会所有领域的活动与行为，无论是生产还是生活，是物质创造还是精神享受，无不受社会主导意识形态的支配，无不受人的核心价值观的影响。各种类型的顾客群体与个体，其消费心理与购买行为必然受主流意识的引导与制约，并受自身与所在群体价值观的影响。

2. 社会精神文明水平及道德修养标准与程度的影响

整个世界及一个国家的精神文明程度，在总体上影响与制约着人的消费心理与购买行为。顾客自身的道德水准、修养程度更直接影响其消费心理与购买行为。例如，绿色消费、消费中的环保意识、文明购物等行为无不与社会及顾客的精神文明程度相关。

3. 审美观念与文化底蕴的影响

建立在不同价值观与艺术水准基础上的审美观，对消费心理与购买行为的选择标准、实施方式等会产生重要的影响。同时，顾客的文化底蕴、受教育程度、素质品位等都会影响顾客的消费心理与购买行为。

4. 人们的生活水准与生活方式的影响

人们的消费方式是受人们的生活水准与生活方式决定的，消费行为是体现生活水准、实现生活方式的过程或形式。例如，高收入、高质量生活是以高消费为代价和内容的，而快餐和速食是与快节奏的工作与生活方式相配套的。

5. 社会主流消费观念、消费习惯、风俗与消费流行的影响

社会主流消费观念是社会主导价值观念在消费领域的具体化，它直接影响乃至主导消费者的消费心理与购买行为。消费习惯、风俗与消费流行对消费心理与购买行为有着更直接、更具体的影响。

6. 政治信念与宗教信仰的影响

这是影响顾客消费心理最深层次的因素。顾客的政治信念会使其消费心理与社会的不同意识形态有更多的关联。宗教信仰则使其消费心理与宗教教义、习俗有更深、更牢固的关联。

（四）全球文化

1. 影响消费者行为的文化差异

（1）语言方面。语言是文化的要素之一，是人类行为中最基本的方面，也是人们交流思想的主要载体。要了解一种文化，应首先了解该文化中的语言，语言反映了一种文化的实质和价值观，也是将其与其他文化区别开的最明显的标志。

（2）教育方面。教育是生产经验和生活经验传递的重要手段。一个国家的教育水平往往与其经济发展水平密切相关，而社会的教育水平又常常决定人们的文化程度，并影响他们的消费结构、购买行为和审美观念，从而影响企业的营销活动。教育水平的差异对国际营销的影响主要表现在：教育水平是市场细分的标志之一，教育水平直接影响市

场调研的实施和营销组合决策。

（3）宗教方面。宗教是在文化中处于深层的要素，宗教对人的信仰、价值观和态度的形成影响极大。世界上许多国家和民族都有自己的宗教信仰，影响最大的有伊斯兰教、佛教、基督教和天主教等。吃、穿、用和婚丧嫁娶及宗教活动、宗教节日等，各教派都有明确的规定。长期以来，这些宗教在不同的国家或民族中起着影响生活的作用，几乎使其信徒形成了难以改变的生活习惯。

（4）价值观念方面。价值观念是人们对客观事物的评价标准，能明确或含蓄地影响个人和集团的行为方法和行为目的。不同国家、不同民族在价值观念上常常存在着较大的差异。由于文化价值观的不同，消费者对所购买产品的使用方式也不尽相同，如果企业对此不加注意的话，可能会引起意想不到的麻烦。

（5）风俗习惯方面。风俗习惯是人们长期自发形成的习惯性的行为模式，是一个社会大多数人共同遵守的行为规范。风俗习惯在人们的饮食、服饰、居住、婚丧、信仰、节日、人际关系等方面，表现出独特的心理特征、道德伦理、行为方式和生活习惯。每个民族都有着属于自己的风俗习惯，如果企业的营销人员不了解这些风俗习惯，就会给企业在当地的经营带来极大的麻烦。

（6）审美观念方面。审美观念是一种文化中的美学观念，表现为该文化中所崇尚的美是什么。审美观念具有明显的国际差异，它会对企业的国际营销产生影响。营销人员要着重了解各国消费者在颜色、线条、图案、标志、音乐和设计等方面的审美偏好。在国际市场上，颜色的象征意义会比较多。例如，黑色在美国和欧洲象征哀悼，而在日本和中国多用白色象征哀悼。

（7）物质文化方面。物质文化来源技术并与社会经济活动的组织方式直接相关。物质文化体现一个社会的生活水平和经济发展程度，并通过经济、社会、金融和市场的基础设施显现出来。所谓工业化国家、农业国家或不发达国家，主要是以物质文化作为划分标准的。

2. 全球化对消费者行为的影响

在经济全球化发展过程中，世界各国人民的价值观、消费观受经济发展的影响，不断融合并发生显著变化，其消费要求和期望也在不断提高。不同的民族和社会有不同的文化模式，每一种文化模式都有自己的特色和价值取向及潜在的价值意识。在消费行为中，处于同一文化模式下的消费群体会在消费行为过程中表现出一种具有共同价值取向的态度和行为，即在购买目标、购买动机、购买组织、购买渠道、购买时机、购买程序等问题上表现出来的共性。不同的国家、不同的民族，其消费行为模式是有很大差异性的。

3. 跨文化差异对消费者行为的影响

跨文化差异要求根据不同的国别制定不同的区域策略，全球化的影响则为标准化策略带来了机会。一方面，国家之间的消费习惯和价值差异无法回避；另一方面，网络等媒体和更为频繁的国家之间的互动使全球文化价值观具有了更多的共性。国外营销策略的跨文化因素有：消费者习惯和价值观，产品偏好，语言，象征意义，如颜色、图形、数字等含义；经济环境，如生活标准、基础设施、媒体、通信等。

二、社会阶层与消费心理

（一）社会阶层的概念

社会阶层是指对社会进行划分，即将社会按态度、价值观和生活方式等划分为几个具有独特特征的人口群体。社会阶层并不是一个拥有很强认同感的正式群体，只是松散地拥有相似生活经验的个体的集合。

社会阶层与消费心理

（二）社会阶层的划分

社会阶层是依据一定的标准把各类消费者划归不同的社会等级。一般来讲，属于不同阶层的消费者具有不同的消费习惯、消费观念和消费趋向；而同一阶层的消费者则有相似的消费心理特征。一个人处于哪个社会阶层不是单一地由某个因素决定的，而是至少由几个因素决定的。这些因素包括受教育程度、职业、经济收入、家庭背景、社会技能等。其中，受教育程度、职业和经济收入是尤为重要的，在市场营销学中通常是按经济地位和收入水平进行划分的。

1. 西方的划分方法

西方最有影响的是美国社会学家华纳的划分方法。他依据收入来源、职业、受教育程度、居住条件、居住地区等，把社会成员划归为7个不同阶层。

（1）上上阶层。上上阶层包括那些古老的、在地方上很显赫的家族，他们在其所属阶层和社交圈内至少保持了三代的贵族身份或富豪地位。上上阶层在国外占美国总人口的比例不到1%。

（2）上下阶层。上下阶层主要由一些成功的企业家，具有专业知识和经商才干的高薪人士组成。

（3）中上阶层。中上阶层由一些具有专业技术特长的人员组成，如医师、学者、律师、企业经理等。

（4）中间阶层。中间阶层由具有中等收入的“白领阶层”、高薪“蓝领阶层”和小企业主等组成，其人数大约占美国总人口的32%左右。

（5）劳动阶层。劳动阶层由具有平均收入的广大“蓝领”工人组成，在美国大约占全体人口的38%左右。

（6）下上阶层。下上阶层由收入水平较低的“蓝领”工人组成，他们没有一定的技术专长，受教育的程度较低，收入有限，工作不稳定且很少有晋升的机会。

（7）下下阶层。下下阶层是指社会的最贫困阶层，他们的社会地位、收入和文化水平都最低。

2. 我国的划分方法

2002年，中国社会科学院有关专家以职业分类为基础，以组织资源、经济资源和文化资源的占有状况为标准划分出当代中国社会阶层结构的基本形态，它由10个社会阶层组成。这10个社会阶层是：国家与社会管理者阶层、经理人员阶层、私营企业主阶层、专业技术人员阶层、办事人员阶层、个体工商户阶层、商业服务业员工阶层、产业工人阶层、农业劳动者阶层和城乡无业失业半失业者阶层。

（三）社会阶层的特征

社会阶层的特征有以下几点。

（1）社会阶层的多维性。决定社会阶层的因素既有经济层面的因素，也有政治和社会层面的因素。

（2）社会阶层对行为的限定性。社会交往较多地发生在同一社会阶层之内，而不是不同社会阶层之间。

（3）社会阶层的同质性。社会阶层的同质性是指同一阶层的社会成员在价值观和行为模式上具有共同点和类似性。

（4）社会阶层的动态性。社会阶层的动态性是指随着时间的推移，同一个体所处的社会阶层会发生变化。

三、消费流行与消费心理

（一）消费流行的含义

消费流行是指某种消费思想、消费观念和消费风气的流行。它是社会流行的一个重要组成部分。消费流行表现为多数消费者对某种商品或消费时尚同时产生兴趣和购买意愿，从而使其在短时间内成为众多消费者狂热追求的对象。消费者通过对流行商品的追求，获得一种心理上的满足。

消费流行
与消费心理

（二）消费流行的分类

（1）按流行内容分，消费流行可分为精神流行、物质流行和行动流行起势。

（2）按流行商品结构分，消费流行可分为吃的消费流行、穿的消费流行和用的消费流行。

（3）按流行速度分，消费流行可分为迅速消费流行、缓慢消费流行和一般消费流行。

（4）按流行范围分，消费流行可分为世界性的消费流行、全国性的消费流行和地区性的消费流行。

（5）按流行方式分，消费者流行可分为滴流、横流和逆流。

此外，从流行时间的长短来分，消费流行还可分为长期消费流行、中期消费流行和短期消费流行。

（三）消费流行的特点

（1）突发性。消费流行往往没有任何前兆，令人始料不及。消费者对某商品或服务的需要急剧膨胀，迅速增长。

（2）集中性。消费者受从众心理的影响，短时间内争相购买某种商品服务，使购买活动趋势集中，从而形成流行高潮。

（3）短暂性。消费流行往往来势猛，消费快，常常表现为“昙花一现”。消费者对流行商品的热情很难持久，重复购买率低，从而缩短了流行时间。

（4）梯度性。消费流行往往受地理位置、交通条件、文化水平、收入水平等多种因素的影响，从一个地方兴起，向四周蔓延、扩散，在一个地区处于流行高锋，而在另一个地区处于流行低谷，呈现地区间、时间上的梯度流行趋势。

（5）周期性。曾经流行过的商品，经过一定的时间后，又可能再次流行起来，这是商品世界中一种十分普遍的现象。从另一个角度来看，任何消费流行都有一个初发、发展、盛行、衰老、过时的程度，也体现了消费流行的周期性。

除了上述特点外，消费流行还具有地域性、变动性、相关性和群体性等特点。

（四）消费流行的发展阶段

无论何种消费流行，都要经历酝酿期、发展期、高潮期和衰退期4个阶段。

1．酝酿期

在这一阶段，流行商品以其特色和优越的质量性能，开始吸引好奇心强、有创新意识或者有名望、有社会地位的少数消费者的注意，引发其兴趣，直到采取购买行为。此时，大多数消费者还未注意并使用流行商品，但少数人的使用却对其产生了强烈的社会示范效应。在此阶段，流行商品的销量很少，成本高，利润低。

作为企业和营销人员，应细心观察市场变化，分析影响该商品流行的各种因素，迅速做出该商品是否流行的预测，同时，根据商品本身的特点，通过各种大众媒介传播给早期消费者，突出宣传商品的特点、优点、功能。另外，还可以采取试用、赠送样品、优惠购物等形式吸引有影响的消费者，树立该商品的形象。

2．发展期

在这一阶段，流行商品由于早期购买者的作用和企业的促销措施，引起了大众的注意和兴趣，更多消费者对流行商品有所认识。在这种情况下，许多热衷时尚的消费者纷纷模仿，原来等待观望的消费者也开始购买，导致商品销量急剧增加，迅速掀起一股流行潮，对市场和企业形成巨大冲击。

作为企业，应迅速扩大生产能力，大量提供与消费流行相符的商品。要全力开拓市场，减少流通环节，增加销售场所，便于消费者大量购买。由于生产规模扩大，流通环节减少，商品生产成本、销售成本降低，企业可以考虑适当降低销售价格，吸引更多的消费者，便于在相对较短时间内将流行商品销售出去，扩大消费流行范围和市场占有率，推动消费流行高潮的形成。

3．高潮期

在这一阶段，流行商品备受广大消费者的青睐，在市场上大量普及，广为流行，流行范围进一步扩大，但增长势头已开始减弱，销售量达到高峰，市场供求出现暂时平衡。同时，生产、仿冒流行商品的厂家不断增多。

作为企业，应加强广告宣传，提醒消费者注意辨别假冒伪劣商品；提高产品质量，增加花色品种；加强销售力量，扩大市场；加强市场预测，继续降低价格，加速资金周转，全力做好新产品的开发，做好转产的准备工作，迎接流行衰退期的到来。

4．衰退期

在这一阶段，消费者消费兴趣发生转移，市场萎缩，销量逐渐下降，出现供大于求的局面。企业间竞争更加激烈。

作为企业，应缩减生产量，继续降低价格，抓紧时间甩卖库存商品，回笼资金；淘汰老产品，试销新产品，开始向新流行商品转移，以适应新的市场需求，迎接新一轮的消费流行。

（五）消费流行对消费心理的影响

1．消费流行引起消费者认知态度的变化

认知即人对一个事物的看法与解释。消费的过程也是一个认知、学习的过程，当一种新产品或新的消费方式出现时，人们一开始会对它不熟悉、不了解，抱着怀疑和观望的态度，如果与已有的态度发生冲击时，总是通过学习、认知来消除各种疑虑，决定是否跟从流行。

2．消费流行引起消费者心理的反向变化

在正常的生活消费中，消费者往往要对商品进行比较并做出评价后，再决定是否购买。但是，在消费流行的冲击下，常规的消费心理可能会发生反向变化。

3．消费流行引起消费者消费习惯与偏好的变化

由于长期使用某种商品，人们对该商品产生了特殊的好感，于是习惯性地、反复地购买该商品，还会在相关群体中进行宣传，形成惠顾动机。在消费流行的冲击下，由于生活习惯、个人爱好而形成的偏好心理也会发生微妙的变化，社会风尚的无形压力会使消费者不自觉地改变原有的消费习惯和消费偏好。

四、消费习俗与消费心理

（一）消费习俗的含义

所谓消费习俗是指一个地区或民族约定俗成的消费习惯，是社会风俗的重要组成部分。它是人们在长期的经济活动与社会活动中，由于自然的、社会的各种因素而形成的独具特色的消费习惯，主要包括人们对信仰、饮食、婚丧、节日及服饰等物质产品和精神产品的消费习惯。不同国家、地区和民族的消费者，在长期的社会生活中都形成了自己的消费习俗。消费习俗不仅直接影响人们的日常生活，还影响消费者的消费心理。

消费习俗
与消费心理

（二）消费习俗的分类

1．物质类消费习俗

物质类消费习俗是指由于自然、地理、气候等因素影响而形成的物质方面的消费习俗。这类消费习俗主要涉及有形的物质产品，包括饮食消费习俗、服饰消费习俗和住宿

消费习俗3个方面。

2. 社会文化类消费习俗

社会文化类消费习俗是指受社会、经济及文化等因素影响而形成的非物质方面的消费习俗。这些消费习俗主要涉及无形的精神产品，包括喜庆消费习俗、纪念消费习俗、宗教消费习俗和社会文化消费习俗4个方面。

（三）消费习俗的特点

1. 长期稳定性

消费习俗是人们在长期的社会生活实践中逐渐形成的。由于政治、经济、文化及历史等方面的原因，一种消费习俗的产生和形成，需要经过若干年甚至更长时间，才会逐渐形成和发展起来。消费习俗一旦形成就会世代相传，许多消费习俗就是经过世代相传才保留至今的。经过漫长岁月的考验和反复锤炼，消费习俗对人们的日常消费有着长久而稳定的影响。

2. 社会性

任何消费习俗的形成都离不开特定的社会环境，是人们在共同从事消费活动中通过相互影响而产生和发展起来的，已经成为人们社会生活的重要组成部分，带有浓厚的社会色彩。一些消费习俗，也会随着社会的发展变迁而不断发展变化。

3. 地域性

消费习惯的形成都有其特定的自然、社会基础，带有强烈的地方色彩，是特定地区的产物。例如，北方人喜欢吃面食，南方人喜欢吃大米；广州人习惯喝早茶，四川人嗜好吃辣椒等，这些都反映了消费习俗的地域性。消费习俗的这种地域性使我国各地区形成了不同的地方风情，但随着我国社会的不断发展，人员交往的频繁和相互间的影响，消费习俗的地域性有逐渐淡化的趋势。

4. 非强制性

消费习俗的产生、流行不是通过强制手段推行的，而是通过无形的相互影响和社会约束力量发挥其强大作用。生活在其中的人们自觉或不自觉地遵守这些消费习俗，并以此来规范自己的消费行为。

（四）消费习俗对消费心理的影响

1. 使消费心理具有相对的稳定性，从而形成习惯性购买

某种消费习俗一旦形成，就具有稳定性的特点。人们在无形中遵守着消费习俗，并在实践的过程中强化对消费习俗的学习和内化，从而形成习惯性购买行为。对于符合消费习俗的各种商品，人们总是将其纳入购物范围，不假思索地进行消费，并不易改变。

2. 造成从众心理，使消费行为具有普遍的一致性

消费习俗的长期性使人不自觉地周期性购买某种符合消费习俗的商品，使消费行为具有普遍的一致性。同时，有的消费者由于不知不觉地受到群体的影响，使自己在知觉判断和行动上放弃了自己的想法，而采取与大多数人相近或相同的意见和行为，从而形

成了从众现象。

3．强化消费偏好

由于受消费习俗的影响，消费者会经常重复购买某一商品。如果产品符合某一方面的喜好，就会做出肯定的积极的评价，从而形成一定的信任感。消费者对产品或商标产生偏好的，会在重复购买和使用中，使这种偏好得到了强化。

4．消费习俗影响了消费心理的变化速度

消费习俗会影响消费的稳定性和习惯性，对消费心理的变化既可以起阻碍作用，也可以起促进作用。当与消费习俗相吻合的新产品或新的消费方式出现时，消费习俗会促进消费心理的变化，使消费者迅速接受新产品或新的生活方式；反之，则会起阻碍作用，延缓消费心理的变化。

综上所述，正是由于消费习俗对消费心理和购物行为的重大影响，营销者在进行市场拓展时，特别是进行跨国、跨地区经营时，要深入了解当地的文化和消费习俗，并进行研究，从而采取针对性的策略。

五、人口特征与消费心理

（一）不同年龄阶段的消费者群体的消费心理

按照年龄指标，消费者可以分为婴幼儿消费者群体（0～3岁）、少年儿童消费者群体（4～18岁）、青年消费者群体（19～35岁）、中年消费者群体（36～55岁）、老年消费者群体（56岁以上）5类。婴幼儿消费者群体的决策者和购买者是其父母、亲属等，所以以下仅介绍后4类消费者。

人口特征与消费心理

1．少年儿童消费者群体的消费心理特征与营销策略

少年儿童消费者群体的消费心理主要是指学龄前期到学龄中期的消费者的需求与购买心理。

（1）儿童消费心理特征。

①从纯生理性需要向带有社会内容的需要发展。

②从模仿性消费向带有个性特点的消费发展。

③消费情绪从很不稳定向稍微稳定发展。

④对消费品的购买行为从依赖型向独立型发展。

⑤儿童消费品中娱乐用品的消费比重较大。

（2）少年消费心理特征。

①喜欢与成人比拟。

②购买独立意识逐渐形成。

③消费意识方面的矛盾性增强。

④为满足成长性需要的消费所占比重增加。

（3）少年儿童用品市场营销策略。

①区别购买与消费对象，采用不同促销方式。在少年儿童用品市场中，许多商品

的购买者是其家长，消费者是少年儿童。在不同的年龄段，少年儿童的购买心理对家长的影响是不同的。学龄前的儿童，一般由家长和其他长辈作为其消费品的主要购买者，没有参与购买的可能性。企业在商品的开发、设计、制造过程中，在定价策略的选择中应从年轻父母的消费心理出发，考虑儿童的实际需要。3岁以后的少年儿童，有了一定的认识、比较和辨别事物的心理能力，购买活动虽然仍然是由家长决定，但在儿童用品、图书等的商品选择上，参与购买、表达喜爱与否的心理直接影响着家长的决策。所以，该类商品的生产和销售要充分考虑少年儿童的特点，在商品陈列、展示和促销活动中，应将吸引少年儿童的注意力、刺激他们的购买愿望放在突出的位置上。

②改善商品的外观形象，发挥商品的直观形象作用。改善商品的外观形象，主要是为了刺激、引导少年儿童的购买心理，促成购买行为。对生产企业和经销商而言，为了吸引少年儿童注意力，刺激其购买，要从其心理出发，文具、书包的外观形状和色彩设计要丰富多样、生动活泼；但从家长的消费心理考虑，还要注重商品的质量、实用性、价格等因素。

③建立商品品牌形象，提高品牌忠诚度。建立商品品牌形象，是为了使少年儿童加深对商品的印象，使其成为忠诚的顾客。在市场营销中，企业要面向少年儿童，特别是商标图案、品名、色彩、广告宣传要针对少年儿童的心理偏好进行设计，使其好懂易记，少年儿童才能够热爱喜欢，才能够生成对品牌的深刻印象。

④注重满足消费者的多元化消费。随着生活水平的提高和社会竞争的加剧，消费不断趋向于多元化。商家应不断丰富商品的功能，挖掘市场潜力，满足不同少年儿童的多样化需求。

2. 青年消费者群体的消费心理特征与营销策略

青年是人生中从少年向中年过渡的阶段。这个阶段的青年或者继续在校深造，或者就业。青年的过渡期一般是35岁左右的年龄阶段。

（1）青年消费者的消费心理特征。

①追求时尚，强调实用。

②意愿强烈，需求多样。

③消费能力相对最强。

④消费倾向标新立异。

⑤冲动购买，计划筹款。

⑥注重情感，直觉选购。

（2）青年用品市场的营销策略。

①满足多层次的心理需要，刺激产生购买动机。企业开发的各类商品，既要具备实用价值，更要满足青年人社会交往、自尊、成就感等多层次的心理需要。例如，个性化的产品使青年感到自己与众不同，受人关注；名牌皮包、时装会表现拥有者的成就感和社会地位。

②开发时尚商品，引导消费潮流。青年人学习和接受新事物快，富于想象力和好奇

心，因此在消费上追求时尚、新颖。企业在产品的开发、设计过程中，要针对青年消费者的心理特点，注重开发时尚产品，使青年人能迅速接受新产品，以推动消费潮流。

③注重个性化产品的生产、营销。个性化的产品、与众不同的商品被青年人称为“酷”，并大受欢迎。企业在产品设计、生产中，要改变传统思维方式，要面向青年消费者开发个性产品。尤其是服装、装饰品、手机等商品的设计生产和营销过程中，要注重个性化的设计，寻求特性，以树立青年消费者的个性形象。

④推出同类不同档次商品，满足不同收入水平青年需要。青年消费者由于职业、收入水平不同，分属不同的消费阶层，在商品的购买上表现出一定的差别。企业在开拓青年消费者市场时，要考虑到这些不同的特点，生产不同档次、不同价格水平、面向不同收入水平的青年消费者的需要。

⑤做好售后工作，推动市场开拓。青年消费者往往是新产品的率先采用者，在购买后，就会即时把他的购买预期与产品性能进行比较。企业在售出商品后，要收集相应信息，了解顾客反映，及时改进产品。同时，要及时处理好顾客投诉，以积极的态度解决产品中存在的问题，使青年消费者感到满意，进而认可产品和企业的服务。

3. 中年消费者群体的消费心理特征与营销策略

中年期是由青年向老年过渡的时期。中年消费者群体在家庭中是购买商品的决策者，是社会上的骨干力量。

（1）中年消费者的消费心理特征。

①购买的理智性胜于冲动性。

②购买的计划性多于盲目性。

③购买求实用，节俭心理较强。

④购买有主见，不受外界影响。

⑤购买随俗求稳，注重商品的便利。

（2）中年用品市场的营销策略。

①注重培育中年消费者成为忠诚顾客。中年消费者购买家庭日常生活用品是习惯性购买，生产者和经营者要满足这种心理需要，使其消费习惯形成并保持下来；不轻易改变本企业长期形成的历史悠久的商品品牌包装，以免失去顾客。商品的质量标准和性能价格比，也不要轻易变动。

②在商品的设计上要突出实用性、便利性，提供良好的现场服务。中年消费者消费时追求商品的实用性、便利性。企业应根据中年人的消费习惯，提供各种富有人情味的服务。例如，提供饮水、休息、物品保管、代为照看小孩等服务。

③重视售后服务。中年消费者购物后发现问题，多数会直接找经营者解决，而且态度坚定，理由充分。经营者应切实帮他们解决问题，冷静面对，切忌推诿、扯皮，不负责任因而失去忠诚顾客。

④促销广告活动要理性化。面向中年消费者开展商品广告宣传、现场促销活动，要理性化，用商品的功能、效用打动消费者，以实在的使用效果、使用者的现身说法来证明。

4. 老年消费者群体的消费心理特征与营销策略

（1）老年消费者的消费心理特征。

①消费习惯稳定，消费行为理智。

②商品追求实用性。

③消费追求便利，要求得到良好的服务。

④消费需求结构发生变化。

⑤较强的补偿性消费心理。

（2）老年用品市场的营销策略。

①开发适合老年人需求的各类商品。老年消费市场广阔，消费潜力大，目前市场上真正适合老年人的商品品种仍显单调，大有潜力可挖。例如，可专为老年人生产各种食品、保健品，并直接面向老年人销售；挖掘传统产品并赋予时代特色，更能适合老年人消费心理。

②重视全方位的良好服务。在销售老年人用品时，应提供良好的专门服务场所，以满足老年人心理上所要求的方便、舒适的购物环境，并提供亲切、体贴的服务。营业员要满足老年人自尊的心理要求，耐心、热情地服务。

③开展对老年人及其子女的双重促销。促销活动不但要针对老年人，还要针对老年人的子女开展。有些商品，如老年人健身用品、营养品等，不但可以面向老年人设计广告，还可以面向青年人，提倡尊老敬老的社会风尚，激发青年人孝敬老人的心理，从而产生购买行为。因此，老年人用品的广告面向青年人，也常能取得较好的销售效果。

（二）不同性别消费者群体的消费心理

1. 女性消费者群体的消费心理与营销策略

（1）女性消费者心理特征。

①注重商品的外观形象与情感特征。

②注重商品的实用性与实际利益。

③注重商品的便利性与生活的创造性。

④有较强的自我意识与自尊心。

⑤挑选商品通常是“完美主义者”。

（2）女性用品市场营销策略。

①销售环境布置要典雅温馨、热烈明快，具有个性特色。

②商品外观与包装设计、广告要注重细节、色彩、款式、形状，要体现流行、时尚，并且使用方便，以最大限度地吸引女性消费者的注意。

③注意开展多种形式的促销活动，巧妙利用口头传播渠道，注意传递商品的实用性、具体利益等信息，传递有关商品的质量、档次、时尚的信息，传递商品的品牌、性能、价格等方面的信息，激发女性消费者的购买欲望。

④强化销售服务，提高服务水平，讲究语言、服务艺术，以满意的服务促进销售。

2. 男性消费者群体的消费心理与营销策略

（1）男性消费者心理特征。

①购买行为的目的性与理智性。

②购买动机形成的迅速性及被动性。

③购买过程的独立性与缺乏耐性。

④购买商品的性别特征明显。

（2）男性用品市场营销策略。

①注意商品内在价值与外在价值的统一，以完善的商品吸引这类消费者。

②注意品牌形象的塑造，争创名牌，巩固名牌地位。

③注意商品信息传播的科学性与完整性，尊重消费者的自我判断。

（三）不同职业消费者群体的消费心理

职业对消费者的消费心理和消费行为会产生影响。一方面，职业同收入、受教育程度都有密切的关系。另一方面，相同职业的人们由于共同的工作环境、工作性质而在消费需求、消费动机、行为习惯等方面具有很大的相似性，形成群体消费心理；不同职业群体的人们的消费心理也不同。不同的职业所扮演的社会角色和所承担的社会期望有很大差别。在不同职业中的消费者有不同的消费心理和行为，而且在装束、言谈举止、生活方式等方面会有比较明显的区别。研究这些差别，有助于企业更好地生产适销对路的商品，更好地针对消费者的不同特点，提供各种服务，下面介绍常见职业群体的消费心理特点。

（1）农民的消费心理。在我国，农民受传统的消费习惯影响较大。消费观念属于节俭和保守型，更以勤俭持家、精打细算过日子为荣。所以，农民消费心理的最大特点是商品要经济实惠，耐穿耐用。近年来，随着农村商品经济的发展，农民收入有了普遍的提高，富裕起来的农民消费观念有了很大变化，消费心理也由保守型向开放型转化，使得高档商品、流行商品大量涌入农村市场。

（2）工人的消费心理。工业部门分工较细，重工业中有采掘、冶金、机械制造等，采掘工人劳动量大，收入较高，在消费观念上属于“奢侈型”，购买商品不大计较得失，注意商品的内在质量和营养价值。轻工业则包括纺织、印染、服装加工等，从事这一行业的女性较多，她们的购买心理特点是喜欢借助商品把自己和家庭装扮得美观、漂亮，她们既喜欢购买经济实惠的商品，又喜欢追逐潮流，购买各种时兴、流行商品。从工人整体来看，他们在消费方式上受社会风气影响较大，是大众化商品、流行商品的主要购买者。

（3）知识分子的消费心理。知识分子文化程度较高，他们购买与使用商品的主要标准是要求商品与自己的身份相符，能显示出自己具有一定的文化知识和修养。例如，教师往往受工作性质和群体内其他成员的影响，对服饰的要求为大方、文雅。这类消费者选购商品的标准往往是艺术性和实用性，并对商品的整体协调性要求较高。

（4）学生的消费心理。这里讲的学生主要是中学以上的学生。他们虽然没有职业，但有一定的购买能力，属于不完全消费者。他们所购买的商品，大多与学习内容有关，并充分体现青年人的特点，如书籍、文具、报纸杂志以及其他文体用品等。

职业对消费心理与行为的影响是广泛的，各国心理学家、社会学家和经济学家都十分重视研究这个问题。他们不仅根据人们的职业来划分社会阶层、收入标准，而且特别注意由职业差别所产生的消费差别。比如，商界、政界男士喜欢穿深色、庄重的西装等。

综上所述，从事不同职业的消费者的消费心理和购买行为存在的差别可以归为两大类：一类是知识分子、学生的消费意向偏重于满足精神的、社会的、自我设计的消费需要；另一类是工人、农民等消费者较为侧重于满足物质的、个人的和传统的消费需要。

（四）网络消费群体的消费心理

1. 热衷于上网消费

如今，上网查询商品信息、通过上网购物成为网络消费者群体日常生活消费方式的一部分。商家通过搭建网络销售平台，为消费者提供了更加便利的网上购物渠道，从而激发了网络消费者对电子化方式购物的参与热情，确立了网络时代的消费者行为方式。

2. 冲动式购买

在社会分工日益细化和专业化的趋势影响下，即使在许多日常生活用品的购买中，大多数消费者也缺乏足够的专业知识，难以对产品进行鉴别和评估。网络中的某些商品信息，常会导致某些网络消费者在短期内进行冲动式购买，导致许多具有极强冲动性的商品购买行为。

3. 对便利性的要求更高

随着人们生活节奏的加快，人们对于日常生活用品的购买，不仅要求质量好、价格合理，而且要求方便、快捷、节省时间。现代物流技术的采用，加快了商品的物流速度，使消费者可以通过网络，更加广泛地了解市场商品性能及价格信息，确立消费目标，并选择对其自身最为便利的消费方式。

4. 消费主动性更强

在许多日常生活用品的购买中，尤其是一些大件、耐用消费品的购买，消费者会主动通过网络上各种可能的途径获取与商品有关的信息并进行分析比较，这些分析也许不够充分和准确，个体消费者却可以从中获取心理上的平衡，以减少购买后的后悔感，增加对产品的信任和争取心理上的满足感。

5. 追求名牌产品消费

品牌效应早已深入人心，购买名牌产品已成为人们消费的一种时尚。许多产品都积极地通过网络打造自己的品牌。消费者可以通过网络更加广泛地了解名牌产品的各方面信息，或对诸多名牌产品的性能价格进行比较，以确定他们的消费决策。

6. 消费的个性化日益突出

如今，消费者的消费已不再是盲目地跟随潮流，而是向着个性化方向发展。消费者可以通过网络更快、更全面地了解某一商品的市场价格、性能、售后服务等方面的信息，对一些最新出现的个性化商品，可以通过网络的便利条件，确定消费行为，为自身的个性化消费找到决策的依据。

六、家庭因素与消费心理

（一）家庭生命周期

家庭生命周期是指一个家庭从建立、发展到分解整个过程所经历的生活阶段。消费心理学对家庭生命周期的分析，就是根据家庭存在的各个不同阶段，确定每一个阶段的家庭生活特征，再按照这些特征来分析消费过程和消费结构的变化。根据家庭主人的婚姻状况、家庭成员的年龄、家庭规模等因素构成的家庭发展阶段来划分，一般可以把家庭生命周期划分为6个阶段。

家庭因素与消费心理

（1）单身期。单身期即已长大成人，但尚未结婚。

（2）新婚期。新婚期即指筹备新婚用品至结婚，建立起独立的家庭。

（3）生育期。生育期即生育第一个孩子至最后一个孩子。

（4）满巢期。满巢期即子女长大尚未成年时期。

（5）离巢期。离巢期即孩子成年后相继离开家庭，自主独立消费，直到原来的家庭中只剩父母。

（6）鳏寡期。鳏寡期即夫妇两人中的一方去世后，另一方的丧偶期。

（二）家庭生命周期中的消费变化

1. 单身期

大部分单身期青年，家庭无经济负担，消费以自我为中心，购买欲望强烈，易冲动，往往将收入的大部分用于满足自己在穿着、娱乐、交往、发展等方面的需要。小部分家庭经济状况不好的单身期青年有储蓄的习惯，消费和储蓄都具有一定的计划性。针对该家庭生命周期前一部分消费者的消费弹性大、稳定性差以及超前消费等特点，多被商家看好，已成为营销获利锁定的新目标。

2. 新婚期

新婚期的家庭，由于处于人生的重要阶段，故消费显示了较强的规模性、集中性、时尚性、享乐性和档次性，具有二人共同决策的特点。消费主要是商品房、汽车、家电、家居、服饰、化妆品等，具有一定的求新和求异性。新婚产品市场也是部分商家发现商机的目标之一。

3. 生育期

生育期的家庭，由于孩子的出生，家庭开支增大，购买频率增高，购买心理随孩子的成长而发生变化，以孩子为中心，重视儿童食品、玩具、服装和教育费用开支，这一时期的消费表现出对家庭和社会的责任感。

4. 满巢期

满巢期的家庭，夫妇从青年到中年，子女逐渐长大。满巢期前期阶段随着子女的入学教育，家庭消费以子女为中心，在教育方面投资较大；后期随着子女慢慢长大成人，家庭收入达到高峰，家庭支出开始稳定，有了储蓄，医疗支出下降，日用品、穿着、文化娱乐、户外消费支出上升。受年龄、阅历和经验影响，满巢期家庭的消费特点趋于理智，子女在家庭消费决策中起的作用增强。

5. 离巢期

夫妇已到老年，子女相继成家。这一时期的消费特点呈现2种类型：第一，崇尚节俭，重视储蓄，以应付外来疾病等突发事件或用于养老，实际支出比例下降；第二，购买活动开始更多地投向满足自己需要的商品，具备一定的补偿性心理，营养、身体保健、娱乐、旅游、自我修养等享乐型消费支出上升。

6. 鳏寡期

此阶段的家庭由于衰老和丧偶，生活自理能力较差，进而转向依靠子女或寻求社会性服务。家庭收入明显减少，消费能力大大下降，以满足日常生活需要和健康保健为主，社会交往和户外消费减少，服务性消费增加，消费决策较为慎重和稳健。

（三）家庭消费角色

在一般家庭做出购买决策的过程中，家庭成员通常扮演着5种主要角色。

（1）提议者。提议者指促使家庭其他成员对商品发生兴趣的人。

（2）影响者。影响者指提供商品信息和购买建议，影响挑选商品或服务的人。

（3）决策者。决策者指有权单独或与家庭其他成员一起做出买与不买决定的人。

（4）购买者。购买者指实际参与购买商品的人。

（5）使用者。使用者指真正使用所购商品或服务的人。

至于家庭中多少人充当这些角色，什么人充当哪些角色，则要根据家庭的不同和他们所买商品的不同而变化。

（四）家庭消费决策

家庭消费决策是指家庭在发挥其消费职能的范围内，从实际出发，确立所要达到的消费目标，选择正确的途径和方法，使预定的目标能够最大限度地实现。就一个家庭而言，收入总是有一定限度的，所以消费范围以及满足消费目标的程度也是有限的。从家庭权威的中心点角度来划分，家庭消费决策可分为以下几种。

（1）各自做主型。各自做主型指每个家庭成员都有权相对独立地做出有关自己的决策。

（2）丈夫支配型。丈夫支配型指家庭购买决策权掌握在丈夫手中。

（3）妻子支配型。妻子支配型指家庭最终决策权掌握在妻子手中。

（4）调和型。调和型指大部分决策由家庭各成员共同协商做出。

对于不同的商品，家庭成员所发挥的决策作用也不同。企业研究家庭消费中每一成员在家庭决策中的不同作用，可以有针对性地进行促销宣传，制定相应的推销策略，减少促销的盲目性。

自学自测

一、单选题

1 文化的（　　）特点对人的行为存在影响，但这种影响对于身处特定文化中的人们，往往不能清楚地认识到或感觉到。

A．共享性　　B．民族性

C．无形性　　D．宗教性

2（　　）流行是指某种消费思想、消费观念和消费风气的流行。

A．物质　　B．精神

C．消费　　D．短暂

3 消费流行的（　　）特点往往没有任何前兆，令人始料不及。

A．集中性　　B．突发性

C．限定性　　D．动态性

4 对熟悉的商品或已决定要购买的商品，男性消费者在购买时表现出更多的自信，这说明男性消费者具有的特征为（　　）。

A．目的性　　B．理智性

C．独立性　　D．迅速性

5 从年龄差异上看，时间消费心理较强的群体是（　　）。

A．少年儿童　　B．青年

C．中年　　D．老年

6 从决策方式看，现代核心家庭主要有（　　）。

A．3类　　B．4类

C．5类　　D．7类

7 消费流行的本质在于其标准的（　　）。

A．抽象性　　B．主观性

C．客观性　　D．盲目性

二、多选题

1 文化是一种社会意识形态，包括（　　）等形式。

A．政治　　B．法律

C．道德　　D．哲学

E．艺术

2 社会阶层的特征主要有（　　）。

A．多维性　　B．层级性

C．限定性　　D．动态性

E．稳定性

3 老年消费者群体的消费心理特征有（　　）。

A．消费习惯稳定　　B．消费行为理智

C．消费有主见　　D．消费追求便利

E．注重商品质量和实用性

4 网络消费者群体的消费心理为（　　）。

A．热衷于上网消费　　B．冲动式购买

C．对便利性要求高　　D．消费主动性强

E．追求个性化消费

5 青年消费者群体的特点有（　　）。

A．人数众多

B．有独立的购买能力和购买潜力

C．消费者分布广泛、均匀

D．对整个市场的需求变化起着重要的影响

E．易于接受新事物和新观念

6 社会制度环境因素包括（　　）。

A．社会体制　　B．社会风俗

C．社会层次　　D．社会安全

E．社会宗教

7 消费流行的周期包括（　　）。

A．酝酿期　　B．平稳期

C．发展期　　D．高潮期

E．衰退期

8 家庭成员在购买过程中扮演的角色可概括为（　　）。

A．提议者　　B．影响者

C．决策者　　D．购买者

E．使用者

三、判断题

1 文化是经学习而得的，并不是经遗传而得。（　　）

2 高消费阶层消费者购物时比较自信，喜欢单独购物，他们对服务要求不高。（　　）

3 中年消费者多数人懂得量入为出的计划性消费原则，开支很少像青年人那样随便和盲目。（　　）

4 男性消费者往往容易出现非理性消费情况。（ ）

5 老年消费者总是留恋过去的生活方式，对消费有一定的怀旧心理和保守心理。（ ）

6 为争取更多的老年消费者，企业要注意老字号、老品牌的宣传。（ ）

四、简答题

1 举例说明中年消费群体购买的计划性多于盲目性的特点。

2 针对女性消费的心理，营销可以有哪些具体有效的策略？

3 举例说明离巢期家庭消费的特点。

4 简述我国家庭生命周期并分别说明其消费特点。

5 举例说明不同社会阶层的消费特点及应对营销策略。

课中实训

实训一　调研分析社会文化心理效应

任务1　调研营销活动中的社会文化差异

任务描述　以国家、地域、民族、年龄、性别等因素为类别，从衣食住行中任选某一方面的商品，分别调研不同类别的消费者在购买该商品时，在消费观念、消费习惯、消费行为等方面的差异规律。请将研究成果做成展示PPT，并将要点记录在表4-1中。

表4-1　不同类别消费者之间的主要文化差异表现

差异项目	举例	商品举例	消费观念	消费习惯	消费行为
不同国家文化					
不同地域文化					
不同民族文化					
不同年龄文化					
不同性别文化	男性				
	女性				

任务2 根据社会文化差异制定营销策略

任务描述 每个小组成员从衣食住行这4个方面任选1种商品，根据不同国家、不同地域等不同社会文化的消费者在购买该种商品时的消费行为差异，制定营销策略。请将研究成果做成展示PPT，并将要点记录在表4-2中。

表4-2 根据社会文化差异制定营销策略

商品类别	社会文化差异	营销策略

实训二 调研分析社会阶层心理效应

任务1 调研营销活动中的社会阶层差异

任务描述 以某种商品为例，分析不同社会阶层的消费差异。请将研究成果做成展示PPT，并将要点记录在表4-3中。

表4-3 不同社会阶层消费者之间的消费差异表现

差异项目	营销策略				
	A类消费者	B类消费者	C类消费者	D类消费者	E类消费者
购物差异					
休闲活动差异					
支付模式					
信息处理					
其他方面					

任务2 根据社会阶层差异制定营销策略

任务描述 每个组员选择1种商品类别，根据不同阶层制定营销策略。请将研究成果做成展示PPT，并将要点记录在表4-4中。

表4-4 根据社会阶层差异制定营销策略

商品类别	社会阶层类别	营销策略

实训三 调研分析消费流行心理效应

任务1 调研营销活动中的消费流行

任务描述 每个组员选择1个行业，至少调研这个行业内5种商品的流行特征。请将研究成果做成展示PPT，并将要点记录在表4–5中。

表4-5 调研行业消费流行特征

调研项目	调研结果	消费流行特征
商品1		
商品2		
商品3		
商品4		
商品5		

任务2 根据消费流行特征制定营销策略

任务描述 每个组员选择1个行业，根据行业内某种商品的流行特征制定营销策略。请将研究成果做成展示PPT，并将要点记录在表4–6中。

表4-6 根据消费流行特征制定营销策略

商品类别	消费流行特征	营销策略

实训四　调研分析消费习俗心理效应

任务1　调研物质类消费习俗

任务描述 物质类消费习俗包括饮食消费习俗、服饰消费习俗和住宿消费习俗3个方面。每个组员选择1个方面，至少调研5种消费习俗。通过图书馆电子期刊数据库、互联网搜集相关资料，研究商品名称的心理要求和心理策略。请将研究成果做成展示PPT，并将要点记录在表4–7中。

表4-7　调研物质类消费习俗

调研项目	习俗特征描述	习俗面向人群
习俗1		
习俗2		
习俗3		
习俗4		
习俗5		

任务2　调研社会文化类消费习俗

任务描述 社会文化类消费习俗主要包括喜庆消费习俗、纪念消费习俗、宗教消费习俗和社会文化消费习俗4个方面。每个组员选择1个方面，至少调研5种消费习俗。通过图书馆电子期刊数据库、互联网搜集相关资料，研究商品名称的心理要求和心理策略。请将研究成果做成展示PPT，并将要点记录在表4–8中。

表4-8　调研社会文化类消费习俗

调研项目	习俗特征描述	习俗面向人群
习俗1		
习俗2		
习俗3		
习俗4		
习俗5		

任务3　根据消费习俗制定营销策略

任务描述　以小组为单位，选择任一种类别消费习俗，根据其消费习俗特征，制定营销策略。请将研究成果做成展示PPT，并将要点记录在表4–9中。

表4-9　根据消费习俗制定营销策略

消费习俗	营销策略
其他	

实训五　调研分析人口特征心理效应

任务1　根据年龄心理特征制定营销策略

任务描述　每个组员至少选择5种商品，面向不同年龄人群制定营销策略。请将研究成果做成展示PPT，并将要点记录在表4–10中。

表4-10　根据年龄心理特征制定营销策略

商品名称	营销策略				
	婴幼儿群体（0～3）	少年儿童（4～18）	青年群体（19～35）	中年群体（36～55）	老年群体（56岁以上）

任务2　根据性别心理特征制定营销策略

任务描述　每个组员至少选择5种商品或者服务，面向不同性别人群制定营销策略。请将研究成果做成展示PPT，并将要点记录在表4–11中。

表4-11　根据性别心理特征制定营销策略

商品名称	男性群体营销策略	女性群体营销策略

任务3　根据职业群体心理特征制定营销策略

任务描述　以小组为单位，选择6个不同行业，每个组员选择其中1个行业，选择这个行业中的某种商品，面向不同职业人群制定营销策略。请将研究成果做成展示PPT，并将要点记录在表4–12中。

表4-12　根据职业群体心理特征制定营销策略

职业	职业群体心理特征	营销策略

任务4　根据网络消费群体心理特征制定营销策略

任务描述　每个组员至少选择5种网络营销商品，根据网络消费群体心理特征制定网络营销策略。请将研究成果做成展示PPT，并将要点记录在表4–13中。

表4-13　根据网络消费群体心理特征制定营销策略

商品名称	网络消费群体心理特征	营销策略

实训六　调研分析家庭因素心理效应

任务1　调研不同家庭生命周期的消费特征

任务描述　以小组为单位，选择6个不同行业，每个组员至少调研5种不同行业内的商品，以及其面向不同家庭生命周期的消费特征。通过图书馆电子期刊数据库、互联网搜集相关资料。请将研究成果做成展示PPT，并将要点记录在表4–14中。

表4-14　调研家庭生命周期消费特征

商品名称	消费特征					
	单身期	新婚期	生育期	满巢期	离巢期	鳏寡期

任务2　根据不同家庭生命周期消费特征制定营销策略

任务描述　以小组为单位，选择6个不同行业，每个组员选择其中一个行业中某种商品或服务，制定针对不同家庭生命周期的营销策略。请将研究成果做成展示PPT，并将要点记录在表4–15中。

表4-15　根据家庭生命周期消费特征制定营销策略

家庭生命周期	营销策略
单身期	
新婚期	
生育期	
满巢期	
离巢期	
鳏寡期	

思政园地

传承中华优秀传统文化

中华民族有着悠久历史和灿烂文化，是我们取之不尽、用之不竭的思想宝库。

推动中华优秀传统文化创造性转化和创新性发展，一条重要路径就是做好中华优秀传统文化与科学技术相互融合、相互促进的工作。发展科学技术，提倡科学精神，提高全民科学文化素质，不仅是大力发展科学技术的题中应有之义，也为我们推动中华优秀传统文化创造性转化和创新性发展提供了更宽广的视角、更有效的路径。比如，我们可以继承和创新中华优秀传统文化中蕴含的崇尚创新创造等思想，把科学研究中实事求是、尊重规律等科学精神融入中华优秀传统文化创造性转化和创新性发展中；把科学研究中的思维方式如辩证思维、实证思维、推演思维等方法论融入中华优秀传统文化创造性转化和创新性发展中；等等。另外，我们还要认识到，中华优秀传统文化与科学技术是相辅相成的：一方面，中华优秀传统文化的创造性转化和创新性发展需要与科学技术的精髓相结合，增强创造性转化和创新性发展的动力；另一方面，科学技术也可以从中华优秀传统文化中汲取智慧、得到滋养，更好发挥造福社会、造福人类的功能。

数字营销

故宫的数字化新媒体之路

如今，600多岁的故宫正在以一种前所未有的姿态变得年轻。新媒体给传统文化提供了一个全新的展示渠道。

2020年清明假期期间，故宫博物院组织了“安静的故宫，春日的美好”主题直播活动，带领广大观众通过网络走近故宫，互联网的新玩法让故宫又一次“破圈”。

在“故宫淘宝”微信公众号上，运营团队在故宫博物院丰富的馆藏文物中精选出《雍正行乐图》，将数字技术融入其中，改绘成动图发布出来，反响热烈，生动可爱。该公众号于2013年9月开通，一年的时间内发布了约170篇推送，内容涉及故宫典故藏品、周边文创产品等，平均每篇推文的阅读量超过千次。

然而这些还都是故宫探索数字化转型的一小部分。对于故宫而言，运用数字技术记录古建筑和文物信息，始终是其打造数字化博物馆的重要工作。早在2001年，故宫博物院就对外发布了官方网站，在为时7年的文物藏品清理和为时3年的可移动文物普查工作之后，故宫博物院的文物藏品总目在网站上得以发布，与世界各地的观众一起共享数字化文化成果。

资料来源：600年故宫的20年数字化新媒体网红之路. 网易［EB/OL］.（2020-07-01）［2024-10-14］. https://www.163.com/dy/article/FGFBI41J0524VDUC.html.

课后拓展

实践训练

训练项目 消费流行现象调研

实训目标

1 培养观察分析消费流行的能力。

2 培养根据消费者群体对消费流行的心理特点制定营销策略的能力。

内容与要求

1 调查你所接触的一个消费流行现象。

2 运用所学理论进行分析。

3 全班组织一次交流与研讨。

成果与检测

1 每人写出消费流行心理分析报告。

2 教师对学生的分析报告与研讨中的表现进行评估。

营销策略

针对不同群体制定营销策略

情境设计

在学校所在城市的繁华商业区，以不同性别、年龄、收入消费者对于某种商品的消费心理与购买行为特征进行抽样调查和分析，在此基础上提出相应的营销策略，并撰写《××城市××种类商品针对不同性别、年龄、收入消费者的市场营销策略报告》。

技能考核

专业能力训练领域、技能点及参照标准见表4–16。

表4-16 技能考核参照标准

能力领域	技能点	名称	参照标准
不同性别、年龄、收入消费者的市场营销策略制定训练	技能1	制定针对不同性别消费者的市场营销策略	1. 能较准确地分析不同性别消费者的消费心理与购买行为特征及其差异 2. 能较成功地制定针对不同性别消费者的市场营销策略
	技能2	制定针对不同年龄消费者的市场营销策略	1. 能较准确地分析不同年龄消费者的消费心理与购买行为特征及其差异 2. 能较成功地制定针对不同年龄消费者的市场营销策略
	技能3	制定针对不同收入消费者的市场营销策略	1. 能较准确地分析不同收入消费者的消费心理与购买行为特征及其差异 2. 能较成功地制定针对不同收入消费者的市场营销策略

第五章 营销组合策略与消费心理

动画：价格锚点

学习目标

知识目标

1. 掌握产品命名、品牌、商标、包装设计、新产品开发的心理要求及相应的心理策略。
2. 掌握商品定价的心理方法和调价的心理策略。
3. 掌握渠道建设的心理策略。
4. 掌握商品促销的心理策略。

能力目标

1. 能根据消费者心理的要求正确制定产品命名、品牌、商标和包装的营销策略以及新产品的设计策略。
2. 能根据市场的变化和消费心理的影响对商品进行正确的定价和调价。
3. 能根据终端消费者的心理需求及相关情况设计渠道策略。
4. 能根据消费者心理的要求正确开展促销活动。

素质目标

1. 养成正确传播品牌价值的职业道德，能够深入理解消费者在商品命名、品牌、商标、包装设计以及新产品开发中的心理效应。
2. 具备敏锐的市场敏感度，能够及时发现市场变化，在实际营销活动中灵活应对各种复杂情况，调整营销策略，实现营销目标。

思维导图

第五章 营销组合策略与消费心理

- **课前自学**
  - 产品策略与消费心理
    - 产品名称与消费心理、品牌与消费心理、商标与消费心理、产品包装与消费心理、新产品开发与消费心理
  - 价格策略与消费心理
    - 商品价格的心理功能、消费者的价格心理、商品定价的心理策略、商品调价的心理策略
  - 渠道策略与消费心理
    - 渠道选择的因素与消费者行为、终端销售点选择的因素与消费者行为
  - 促销策略与消费心理
    - 促销的概念、促销与消费心理、心理促销的类型
- **课中实训**
  - 实训一 调研产品策略心理效应
    - □ 任务1 调研产品名称心理效应
    - □ 任务2 调研品牌心理效应
    - □ 任务3 调研商标心理效应
    - □ 任务4 调研包装心理效应
    - □ 任务5 调研新产品心理效应
    - □ 任务6 设计产品策略
  - 实训二 调研价格策略心理效应
    - □ 任务1 调研商品定价心理效应
    - □ 任务2 调研商品降价心理效应
    - □ 任务3 调研商品提价心理效应
  - 实训三 调研渠道策略心理效应
    - □ 任务1 调研渠道心理效应
    - □ 任务2 设计商品渠道策略
  - 实训四 调研促销策略心理效应
    - □ 任务1 调研商品促销心理效应
    - □ 任务2 设计商品促销策略
- **课后拓展**
  - 实践训练
  - 营销策略
  - 技能考核

课前自学

一、产品策略与消费心理

（一）产品名称与消费心理

1. 产品名称的含义

产品名称是企业为产品取的名字，是运用语言文字对产品的主要特性概括反映的称号。

商品名称与消费心理

2. 产品名称的心理功能

（1）认知产品。通过高度概括，用简洁凝练的文字，告知消费者产品的称谓、用途和特点。如“肠润茶”“八宝粥”“黑芝麻糊”等。

（2）便于记忆。通过音、形、意的有机结合，创造言简意赅、易读易懂的产品名称。如“旅游鞋”“刮胡刀”“加湿器”等。

（3）诱发情感。产品名称如果能具有某种情感色彩和特殊意义，符合消费者某方面的心理需要，就会得到消费者的信任和偏爱。如“活力运动鞋”“情侣衫”等。

（4）启发联想。产品名称新鲜脱俗、寓意深远、风趣幽默、内容丰富、情调动人，能够启发消费者对美好事物的回忆和想象，加深对商品性能的理解。如传统名菜“佛跳墙”。

3. 产品命名的策略

（1）根据产品的主要功效命名。如小儿止咳糖浆、洗衣机、感冒灵。

（2）根据产品的主要成分命名。如“人参蜂王浆”内含人参和蜂浆，果粒橙内含橙子果粒。

（3）根据产品的产地命名。如茅台酒、龙井茶、北京烤鸭。

（4）根据人名命名。如中山装、东坡肉、王守义十三香。

（5）根据产品的外形命名。如彩虹糖。

（6）根据产品的制作方法命名。如二锅头酒。

（7）根据外文译音命名。如可口可乐、阿司匹林。

（8）以吉祥物或美好事物命名。如旺旺、今世缘。

（9）以色彩命名。如黑芝麻糊、白加黑。

（二）品牌与消费心理

1. 品牌的含义

品牌是产品或服务的标记，是一个名字、词语、符号、图案或者上述几种的组合，用以把某个产品或服务与其他产品或服务区别开来。产品品牌是一种识别标志、一种精神象征、一种价值理念，是品质的核心体现，是制造商或经销商加在产品上的标志。

品牌与消费心理

2. 品牌的心理功能

（1）识别。品牌自身含义清楚，目标明确，专指性强。

（2）信息浓缩。含义丰富、深刻、幽默的品牌名称或标识语涵盖了消费者所掌握的关于品牌的整体信息。

（3）安全。一个熟悉的品牌，能给消费者带来信心和保证，能满足消费者所期待获得的物质、功能和心理需求。

（4）附加值。附加值是指产品除基本功能之外带给消费者的其他价值。

3. 品牌策略

（1）产品线扩展策略。产品线扩展策略是指企业在现有的产品类别中增加新的产品项目时，仍沿用原有的品牌。

（2）品牌延伸策略。品牌延伸策略是指企业利用现有的成功品牌推出新产品。

（3）多品牌策略。多品牌策略是指对同种产品采用2个或2个以上的品牌。

（4）新品牌策略。新品牌策略是指企业在推出新产品时，采用新的品牌名称。

（5）品牌情感策略。品牌情感策略是指企业通过极富人情味的诉求方式，以激发消费者的情绪情感，满足消费者的情感需求，进而使之萌发购买动机，实现购买行为。

（三）商标与消费心理

1. 商标的含义

商标是生产者或经营者为使本企业的产品与其他产品相区别而采取的一种标志，一般由文字、字母、图形、线条、颜色及其组合构成，良好的商标设计必须考虑商品的特色和消费者的心理，不能随心所欲。

商标与消费心理

2. 商标的心理功能

（1）识别商品。商标是产品或服务的标志，能使消费者易于从众多的同类产品中识别出某一具体商标所代表的产品或服务的形象，便于消费者寻找到所需购买的目标产品，尽快完成购买活动的认识过程。

（2）形成印象。一个设计出色的商标，可以通过广告等各种宣传媒介，给消费者以深刻的感受和难忘的印象。

（3）传播促销。商标作为企业形象和产品形象在消费者之间交流传播，深入人心就会引起消费者的品牌偏好，从而产生相信品牌，追求名牌，忠实品牌等不同类型的“认牌购货”的消费行为。

（4）专利保护。商标一经注册便受法律保护，注册商标具有排他性和享用专权，他人不得仿造。

（5）监督质量。商标与产品一起代表企业的形象和声誉。企业欲维护商标的影响，必须极力维护其产品的质量。

3. 商标设计策略

①个性鲜明，富于特色；②造型优美，文字简洁；③具有时代气息，反映社会的潮流趋向；④与商品本身的性质和特点相协调；⑤遵从法律规定，尊重不同国家、民族、

宗教、地域消费者的心理习惯。

4．商标运用策略

①统一商标策略；②个别商标策略；③等级商标策略；④双重商标策略；⑤借用商标策略。

（四）产品包装与消费心理

1．包装的含义

包装有狭义和广义之分。狭义的包装是指为在流通过程中保护产品、方便储运、促进销售，依据不同情况而采用的容器、材料、辅助物及所进行的操作的总称。广义的包装是指依据事物的本质特征塑造事物的外部形式，即形象设计与传播推广。一切事物的外部形式都是包装。

商品包装与消费心理

2．包装的心理功能

①识别功能；②安全功能；③审美功能；④增值功能；⑤联想功能。

3．消费者对商品包装的心理要求

①方便性；②艺术性；③直观性；④安全性。

4．产品包装设计四大要素

（1）色彩。色彩是指包装外表上的图案、文字等的颜色。色彩是极具吸引力的一大要素。首先映入消费者眼帘、使之产生视觉反应的就是色彩。从我国人民的消费习惯来看，消费者大都喜欢色彩艳丽、图案生动、寓意美好、对比强烈的包装，而不喜欢那些色彩暗淡、图案模糊不清、主题表达不明的包装。

（2）形状。造型优美、独特的包装，往往最能吸引人的视线，并给人以艺术享受，使人产生美的联想，还具有收藏价值。对当今消费者来说，包装已不仅仅是盛装、包裹商品的容器，而且是一种具有一定科学性、时代性和艺术性的工艺品。

（3）字号。字号即附着于包装外表的产品名称的大小。除了必要的图案和文字外，包装设计最重要的就是对产品名称的设计。附着于包装表面的产品名称，其位置的高低、文字的大小、字体的选择及颜色的调配等，都是非常讲究的。

（4）商标。商标附着在包装的表面，是消费者辨认产品和企业的重要标志之一。在包装表面的适当位置印上商标，可使消费者在第一时间从众多同类产品中找到所要购买的那个品牌的产品。因此，商标应设计在包装表面引人注目的突出位置上。

5．商品包装设计的心理策略类型

（1）按照消费习惯和实用需求设计产品包装。

惯用包装策略——尊重消费者传统消费习惯并被接受的产品包装。

分量包装策略——大包装里有小包装；食用油的多种规格的产品包装。

配套包装策略——文具盒里的学习用具；女性化妆包。

系列包装策略——将用途相似或同一品牌的商品，采用同一图案、色彩、形状的产品包装。

（2）按照消费者的消费水平设计产品包装。

等级包装策略——将商品分为高、中、低档，分别设计产品包装。

特殊包装策略——针对某些特殊产品而专门设计的产品包装。

礼品包装策略——一种专用于赠送他人礼品的产品包装。

简易包装策略——低成本、设计简单的产品包装。

复用包装策略——能周转使用或具有多用途的产品包装。

（3）按照消费者性别、年龄设计产品包装。

女性化包装——对于女性用品采用女性化包装，重点体现女性温柔、雅致的形象特征，突出艺术性和流行性。女性化包装可采用细腻平和的造型、优美的线条、艳丽的色彩、高雅的形象，以增强商品的女性魅力。如“桃花姬”阿胶糕的产品包装。

男性化包装——对于男性用品采用男性化包装，重点表现男性豪放、刚劲、稳重的形象特征，棱角分明、富有质感，突出实用性和科学性。男性化包装可采用黑色为主的色调进行包装的设计。

少儿用品包装——针对少儿活泼好动、求知欲强的心理特点，利用生动的形象、鲜艳的色彩、有趣味性的画面设计包装，可以引起少年儿童的兴趣，激发购买欲望。

青年用品包装——针对青年人精力充沛、喜欢追求时髦、标新立异的特点，设计新颖、美观和具有潮流的包装，能引起他们的好感，从而促进销售。

老年用品包装——根据老年人求朴实、庄重、便于携带的心理要求，设计具有实用性和传统性的包装，可以满足他们的需要，引起购买和重复购买。

（五）新产品开发与消费心理

1．新产品的含义

新产品是指采用新技术原理、新设计构思研制生产出来的全新产品，或在结构、材质、工艺等某一方面比原有产品有明显改进，从而显著提高了产品性能，或扩大了使用功能的产品。

新产品与消费心理

2．新产品的类型

（1）自主研制创新产品。自主研制创新产品是采用新原理、新技术、新材料，具有新结构和新功能，依靠企业自己的人员和力量来开发的新产品。

（2）仿制新产品。仿制新产品是指对市场上现有的、已经研制成功并被消费者广泛接受的产品进行仿制，同时有局部的改进与更新。

（3）改进新产品。改进新产品是指在原有老产品的基础上进行改进，使产品在结构、功能、品质、花色、款式及包装上具有新的特点和新的突破。

（4）革新新产品。革新新产品是指在产品开发中，由于科学技术的进步和消费者需求的变化以及社会进步的需要，企业必须对原有产品的原理、结构、功能进行革新，以提高产品的科技含量，适应消费者需求。

3．新产品设计的心理策略

（1）满足消费者基本需求的设计策略。主要有优化策略、性能提高策略、功能多样化策略、注意对人体工程学的运用策略。

（2）针对消费者个性心理特征的设计策略。主要有效用细分策略、地位显示策略、个性标榜策略、情感寄托策略、目标追求策略。

（3）适应消费需求发展变化的设计策略。主要有适应未来消费模式的设计策略、适应未来消费心理的设计策略、适应未来消费决策模式的设计策略。

4．新产品推广的心理策略

（1）重视消费者对新产品特性的感知。如优越性、适应性、可试性、复杂性、沟通性、诱发性。

（2）重视和开发新产品的信息传递渠道。如口头传播、亲身观察、广告等。

（3）重视新产品的潜在购买者。首次购买不等于会重复购买、从小量购买到大量购买、从不稳定购买到稳定购买、从不确定购买到确定购买。

（4）重视新产品推广的市场调查。如市场需求调查、用户情况调查、产品情况调查、竞争对手情况调查。

（5）重视和选择推销新产品的有效方法。如人员推销、广告推销、营业推销、公关推销、特殊推销。

二、价格策略与消费心理

（一）商品价格的心理功能

1．衡量商品价值和质量

商品价格的高低是由商品价值的大小决定的。消费者在购买活动中，由于对商品的价值无法判断，往往依据生产经营企业已经定出的商品价格来评定商品的价值和品质，商品价格成为消费者衡量商品价值和质量的标准。

商品价格与消费心理

2．自我意识的比拟功能

有些消费者往往把商品价格与个人的偏好、情趣、个性等联系起来，通过商品价格的比拟来选择与自己的身份相匹配的商品；有些消费者追求高价文物、工艺品，购买高级乐器、音响设备以及大量的书籍，为了显示自己有较高的文化修养和高雅的生活情趣，以满足自己的心理需求等。

3．调节消费需求的功能

需求规律表明，一般情况下，需求按照与价格相反的方向变动，如果价格下跌，需求增加，反之则需求减少。但是，商品价格和需求的关系并不如此简单，由于心理的作用，价格的变动可能使需求的方向发生变异。例如，当某种商品的价格上涨时，人们出于购买的紧张心理，认为价格可能还会上涨，反而刺激购买行为，“买涨不买跌”“越涨越买”就是其中的一例；而当某种商品价格下跌时，由于人们的心理预期认为价格可能还会下跌，反而抑制其购买行为。可见消费者的价格心理，会使商品价格与需求的关系变得异常复杂，可能抑制需求，也可能刺激需求。

（二）消费者的价格心理

消费者的价格心理，是指消费者在消费活动中对所购买商品价格的各种心理反应及表现，是由消费者对商品的知觉水平与消费者自身的个性心理共同构成的，同时还受社会生活各个方面的影响。一般来说，消费者价格心理概括起来有以下几种。

1．对商品价格的习惯心理

消费者评价商品价格是否合理的主要依据，是根据以往购买商品的经验所形成的印象，这就是消费者对商品价格的习惯心理。这种习惯价格，往往支配着消费者的购买行为，如果某商品价格是在他们认定的尺度内，就乐于接受；超过这个尺度，他们就不愿意接受。形成习惯价格的商品大多是消费者使用比较普遍、数量比较大、适应面比较广的基本生活用品，这些商品价格直接关系着广大消费者的生活水平，因此价格的变动会引起消费者的强烈反应，即使适应这种价格变动也要经历一个困难的、逐渐过渡的过程。

2．对商品价格的敏感性心理

敏感性心理是指消费者对商品价格变动在心理上的反应程度和速度。一般情况下，由于消费者对商品价格有某种相对稳定的估算，这个估算一般是一个区间。如果商品价格大幅度上涨，超出了这个区间，会使消费者心理失去平衡，造成紧张和不安，甚至还会产生明显的反感情绪；如果在这个范围内，消费者不大可能改变而去购买其他品牌的商品。

3．对商品价格的感受性心理

消费者对商品价格的感受性心理是指消费者对商品价格高低的感受程度。消费者对商品价格高低的识别和判断，不完全基于该商品价格是否超过或低于他们认定的价格尺度，他们还会认为价格受到周围陪衬的各种商品价格以及商品销售的环境、方式、气氛和商品自身的外观、功能、包装等影响，结果是容易引起消费者对商品价格高低识别和判断的价格错觉，这种错觉直接影响消费者的价格判断和商品的销售。

4．对商品价格数字的喜好心理

消费者对商品价格数字具有不同的情感体验和心理感受。由于民族文化和消费心理素质的作用，不同地域、不同国度的消费者，对数字的使用具有不同的偏好和忌讳。例如，我国消费者中不少人认为“8”“6”为吉祥数字；日本人喜欢“8”而忌讳“4”；美国人中意奇数，在心理上认为奇数比偶数少。

5．对商品价格的倾向性心理

消费者对商品价格选择的倾向性心理，是指消费者在购买商品过程中对商品价格的高低进行比较后而选择商品的倾向，这种倾向性概括起来分为以下几种：①求实倾向心理；②求名倾向心理；③求新、求异倾向心理；④求美倾向心理；⑤求廉倾向心理；⑥惠顾倾向心理；⑦从众倾向心理。

（三）商品定价的心理策略

1. 撇脂定价策略

撇脂的原意是指在鲜牛奶中撇取油脂，先取其精华，后取其一般。将这种定价策略运用到市场营销中，是指在新产品进入市场的初期，利用消费者的求新、猎奇心理，先制定高价获取高额的初期利润，当竞争者出现后，再根据市场销售情况逐步适当降价的定价策略。

2. 渗透定价策略

渗透定价策略是指在新产品上市之初，为迎合消费者求实、求廉心理，企业采取优质低价的手段迅速渗透并占领市场，扩大销售量，提高市场占有率，待打开销路、占领市场后再逐步提价的策略。这种定价策略的目的在于渗透新市场，立即提高新产品的市场占有率与销售量，快速而有效地占据市场空间，销售利润反而退为次要目标。

3. 反向定价策略

反向定价策略是指企业定价时不是以产品定价格，而是以价格定产品的策略。它先从市场调查开始，获得消费者对该类产品的期望零售价格，再倒算出该产品的生产成本和其他费用的控制范围，然后组织生产。

4. 整数定价策略

整数定价策略是指针对消费者的价格自我比拟的心理，为商品定价时将价格尾数去掉，舍零凑整的定价策略。当消费者购买档次较高的商品或偏重于质量和品牌时，商品应尽量取整数价格，这样可使消费者产生一种品质高、可靠性强的心理感受，并能满足其心理上的某种荣耀感。

5. 尾数定价策略

尾数定价策略是指企业保留价格尾数，采用零头标价的策略。采用这种策略主要是为了满足消费者的求廉心理，使消费者感觉价格低，甚至会让消费者认为价格计算十分精确，从而增加对企业的信任。根据不同消费者的消费习惯，把尾数定价策略与吉祥数字的利用结合起来效果更好。如用9、8、6做价格的尾数通常会受到欢迎，最好不要用4、7做尾数。

6. 招徕定价策略

招徕定价策略是指针对消费者普遍存在的求廉心理，企业可以有意降低某些商品的价格来吸引大批消费者购买企业的产品。这种策略的实质是用降价商品作诱饵，借机带动企业其他产品的销售。顾客既然进了门，就不可能只看降价商品，只要他们注意了其他商品，就会带来销售的机会。

7. 组合定价策略

组合定价策略是指对于在使用上具有关联性的几种商品，根据消费者的心理与习惯，企业可以采取相互补充的定价方式。为消费者购买次数少且对价格敏感的商品制定较低价格，为消费者购买次数多且对价格不太敏感的商品制定较高价格，高低价相抵后企业还有利可图，比如，对洗面奶等清洁用品定价低而对护肤乳定价高。组合定价策略主要针对的是消费者求廉心理与价格敏感性存在差异的特点而实施。

8. 分级定价策略

分级定价策略是指把不同品牌、不同规格、不同型号的同类产品划分为几个档次，为每个档次的产品制定一种价格。这一方面会使企业的进货、销售等管理工作简化；另一方面，较好地适应了消费者的求便心理，比较符合人们的消费习惯。当然，档次的划分要合理，定价水平要能为消费者所接受。

9. 折扣定价策略

折扣定价策略是指企业为扩大销售量将商品的原有价格降低一定比例后售出的策略。这种策略可以起到激发消费者购买欲望的心理作用。折扣的主要形式有数量折扣、贸易折扣、季节折扣、促销折扣等。

10. 习惯定价策略

对于已形成习惯价格的商品，要按照习惯价格为商品定价。已经形成习惯价格的商品主要是那些消费者经常购买的日用品，对于这些商品的性能、质量等，消费者已经详细了解并且形成了经验的评定和固定的心理价格标准。企业在为这些商品定价时一般不宜背离习惯价格，否则会失去消费者的信任。

11. 统一定价策略

统一定价策略是指企业的同一产品在市场上采用同一价格的策略。统一定价策略适用于拥有垄断优势的大公司，例如，波音公司出售给全球所有国家的喷气式飞机，都是统一定价。统一定价策略还适用于产品导入阶段，市场仅限于少数创新使用者的情形；另外，采用直销方式的产品也可以采用统一定价策略。

（四）商品调价的心理策略

商品价格调整是企业的经常做法，调价的原因是多方面的，除营销企业自身的原因外，还有商品供求变化、市场需求变化等因素。企业在商品调价和制定商品调价心理策略时，既要考虑上述因素对商品价格的影响，又要考虑消费者对商品价格调整的心理需求，使调整后的价格既实现企业利润目标，又符合消费者的需求。

1. 降价的心理策略

（1）准确把握降价时机。

（2）选择适宜的降价幅度。

（3）采用变相降价策略。

2. 提价的心理策略

（1）控制好提价幅度。

（2）掌握好提价时机。

（3）注意采用暗调策略。

（4）做好解释和售后服务工作。

三、渠道策略与消费心理

分销渠道是指货物或劳务从生产者向消费者转移时，取得这种货物或劳务的所有权或帮助转移其所有权的所有企业和个人。它主要包括中间商、代理中间商以及处于渠道起点和终点的生产者和消费者。

渠道策略与消费心理

（一）渠道选择的因素与消费者行为

决定分销渠道的因素包括以下几个。

1. 购买批量大小

购买批量大，多采用直接销售，如更多的生产资料；购买批量小，除通过自设门市部出售外，多采用间接销售，如更多的日用消费品，但上述划分也不是绝对的。

2. 消费者的分布

某些商品消费地区比较集中，适合直接销售；反之，则适合间接销售。工业品销售中，本地用户联系方便，因而适合直接销售；外地用户较为分散，通过间接销售较为合适。

3. 潜在顾客的数量

若消费者的潜在需求多，市场范围大，需要中间商提供服务来满足消费者的需求，宜选择间接分销渠道，如各种各样的家电产品、日化产品等；若潜在需求少，市场范围小，生产企业可选择直接销售，如各种各样的专用生产机械、大型水电发电机组等。

4. 消费者的购买习惯

有些消费者习惯到企业去买商品，有的消费者喜欢逛商店买商品。所以，同样的商品，企业既可采用直接渠道，也可选用间接渠道，以满足不同消费者的需求。

（二）终端销售点选择的因素与消费者行为

1. 终端销售点的选择原理

终端销售点是指商品离开流通领域进入消费领域的发生地。对于消费品而言，它是零售地点；对于生产资料而言，它是送货站。终端销售点的选择主要取决于以下因素。

（1）顾客对方便购买地点的要求，如遍布住宅小区的连锁小超市。

（2）顾客最愿意光顾并购买的场所的要求。

（3）商品最充分展现，让更多人认知的地点的要求。

（4）树立商品形象的地点要求等。

2. 终端消费者的购买心理

各种不同购买心理与终端销售点有密切的关系，包括以下几个方面。

（1）重质量心理。怀有这种心理的消费者在购物时的第一决策依据是商品的质量。他们关注商品的材质、加工工艺技术、设计造型，因此某些家电产品、化妆品等最佳销售地点为百货商场，会给人以放心、货真价实之感。

（2）重品牌心理。怀有这种心理的消费者，非常重视商品的品牌。这些品牌经销的最佳选择是专卖店或在各大商厦的销售专柜等。

（3）重价格心理。持有这种消费心理的消费者在购物时最看重的是商品的价格。他们对价格十分敏感，常常表现得比一般人聪明，商品价格的点滴变动他们都能觉察出来。在选购商品时，他们会在对同类商品的价格比较中做出选择。通常情况下，打折的、优惠的商品他们会优先考虑，各种平价超市、批发市场是他们购物的首要选择。

（4）重便利心理。对于饮料、期刊、报纸、小商品、油盐酱醋、牛奶等生活用品，因在购买时消费者以追求方便为主，所以，他们一般会就近消费，因此，遍布于各居民社区的小型超市最受人们的欢迎。

（5）重服务心理。对于耐用消费品，特别是家用电器、汽车、计算机等，消费者在购物时不仅注重品牌、质量、价格等因素，更看重这些商品的整体服务水平。因此，企业应选择能提供一定服务，并有良好声誉的中间商来销售产品，或者对中间商提供一定的技术支持、技术培训，使之能够胜任工作。

（6）防风险心理。消费者在购买商品时或多或少会存在一定的风险，但是消费者能否察觉到这种风险，以及风险的大小，却因人、因产品、因情境而异。风险是一种客观现象，是不以人的意志为转移的。作为企业经营者所能做的，就是降低消费者购物消费时的种种风险。企业应选择有责任心、信誉卓越的中间商作为自己的合作伙伴。

（7）从众心理。在一个特定的时期内，消费者的需求是非常类似的和接近的。在一个产品刚刚进入市场的时候，消费者的要求和标准相对来说比较雷同，并且消费者具有十分明显的模仿性，一旦一个群体对某些产品形成需求，则社会上很快就会形成对这个产品的整体需求。根据从众这一消费心理，企业对某些商品要实行广而密的铺货，配合企业整体销售计划，使产品出现在消费者想购买的地方。

（8）逆反心理。逆反心理是一种与众不同的心理倾向，它在现实中同求奇心理一样，也包含探索、追求的倾向。具有逆反心理的消费者一般都有较强的好奇心和好胜心，富于冒险精神。因此，具有逆反心理的消费者常常成为新商品的早期采用者。企业的营销者应做到善于利用消费者的逆反心理，变消极因素为积极因素。

四、促销策略与消费心理

（一）促销的概念

促销是营销者向消费者传递有关本企业及产品的各种信息，说服或吸引消费者购买其产品，以达到扩大销售量的目的。促销实质上是一种沟通活动，即营销者（信息提供者或发送者）发出作为刺激消费的各种信息，把信息传递到一个或更多的目标对象（信息接收者，如听众、观众、读者、消费者或用户等），以影响其态度和行为。

促销策略与消费心理

（二）促销与消费心理

促销是提升销售的一种主要方式，是通过打动或改变消费者心理的一种销售方式来促进和提升产品销售，所以促销的策划和执行应始终围绕消费者的消费心理来展开。

不同的消费群体应有不同的促销策划，关键是了解该消费群体的文化水准、消费心理，不同的文化修养对促销方案理解程度、理解方式等均有所不同，例如，主要消费群体是青少年的产品，其促销方案除迎合其消费心理外，优惠方案也可以非常复杂，越是只要有足够优惠方案的产品就越受欢迎，消费者的思考、推理以及相互切磋，会大大提升活动的知名度，策划也就越成功。面对老年消费对象的促销方案最好简单明了、通俗易懂，如果方案复杂，消费者不予理会，或以其理解的优惠方式与服务员理论、争执，往往事与愿违，从而产生了与目的相反的不良结果。

消费心态是人们在实施消费时的态度，可以分为积极迫切型和被动随意型。对于前者，任何形式的促销都能实现销售，甚至没有促销也能实现销售。而各类促销的首要目的就是要吸引具有后一类消费心态的消费者，促销的执行也是要让这类人购买。要实现这个目的，除了有一个目标对象明确的促销方案之外，促销的执行也决定了方案的成功与否。由于这类消费者是被动和随意的，也就是说他们的购买行为是可有可无的，任何一点不妥就可能使他们放弃购买，为此销售服务是促销成功与否的另一关键因素，所以首先要做好各类销售点广告（POP）和产品展示，做到醒目、清晰和有视觉冲击力，让消费者不入店门先知其事，入店就见其物。其次要培训和指导服务员做好促销的执行，主要有三点：一是服务适度、热情到位；二是服务语言规范生动、简洁明了；三是眼观六路，耳听八方，直奔要点，吸引深入。

明确了消费心态对推广促销的重要性，就可以对不同的产品和行业进行促销方式的研究。对于快速消费品，可依据其价值、价格、口味、外观、使用频率、知名度、新奇度、消费场合、消费对象等因素来研究其消费心理，从而策划有针对性的促销方案。

油漆涂料类是特殊的耐用消费品，它的消费对象是成年人，他们对此类产品的消费心理是求新、求异和追求其视觉效果，对于产品的使用性和价格的敏感度不大，那么促销活动可在宣传推广方面下功夫：一是创造新奇视觉效果、创造独特的概念以进行终端的现场推广；二是当产品没有特色供消费者优先选择时，选择给予赠品的方式促销，而且应选择和油漆涂料有关且实用性比较高的赠品，让消费者感觉到有趣、有用，促使消费者购买商家的普通产品。

家电类产品是耐用消费品，属产品功能细分较多的行业之一。其中，产品功能和造型是吸引消费者的第一要素，第二才是品牌和价格。消费者的消费心理是求好看（品牌档次）又好用（性能良好耐用），在品牌定位确定后，其促销的价格因素就显得很重要了，所以小家电类产品最佳的推广方式是打折，无论是中间消费者（经销商）还是最终消费者，大多希望用较低的价格买到相同功能的产品，它的品牌价值决定了不同的消费层次。

成功的促销是生产者的意念心理、创作者的思维心理和购买者的需求心理的共鸣。商品促销只有把握消费者的心理，迎合消费者的喜好，满足消费者的需求，激发和引导消费者的情感，才能够在激烈的商战中脱颖而出，稳操胜券。

（三）心理促销的类型

消费者是营销的终极市场。人们消费心理的多维性和差异性决定了商品促销必须有多维的情感诉求，才能吸引特定的消费群体产生预期的购买行为。促销设计的心理策略是非常逻辑化的促销创意。

1. 求便心理策略

顾客购物都求方便，例如，透明或者开窗式促销的食品可以方便挑选，组合式促销的礼品篮可以方便携带，促销的方便易用增添了商品的吸引力。国外流行的“无障碍”促销，例如，接触式判断识别促销用锯齿状标识区分洗涤剂的类型，在罐装食品中设置“盖中部凹陷状证明未过保质期”的自动识别标志等，它们原来是为迎合高龄老人和残疾人的需求而开发的，结果深得广大消费者的喜爱，可见求方便是普遍的消费心理。

2. 求实心理策略

促销设计必须能够满足消费者的核心需求，也就是必须有实在的价值。在所有年龄群体中，老年人最讲求质朴、实在，但是现在五花八门的老年人健康滋补品却普遍是“形式大于内容”的过度促销，这些产品即使能够吸引到偶然的购买，也难以赢得广大消费者的喜爱。

3. 求新心理策略

特别是对于科技含量比较高的产品，促销应该体现出技术的先进性。例如，采用凹凸工艺制作的立体促销、无菌促销和防盗促销等，就可以通过新颖独特的促销风格来反映科学技术的优异成果，映衬产品的优越性能。

4. 求信心理策略

在产品中突出厂牌、商标有助于减轻购买者对产品质量的怀疑心理。特别是有一定知名度的企业，这样做对产品和企业的宣传一举两得。

5. 求美心理策略

商品的促销设计是装饰艺术的结晶。精美的促销能激起消费者高层次的社会性需求，深具艺术魅力的促销对购买者而言是一种享受，是促使潜在消费者变为显在的消费者，偶然型消费者变为长久型、习惯型消费者的驱动力量。

6. 求趣心理策略

人们在紧张的生活中尤其需要轻松和幽默。美国的一家公司在所生产的饼干的罐盖上印上各种有趣的谜语，只有吃完饼干才能在罐底找到谜底，产品很受欢迎。

7. 求异心理策略

特别是年轻人，喜欢与众不同，喜欢求异、求奇、求新，极力寻找机会表现自我。以这类消费者为目标市场的产品促销可以大大突破传统，大肆宣扬“新一代的选择”，以求引导潮流，创造时尚。但是这类消费者的心理又难以捉摸，潮流变幻无常，因此这种促销是高风险、高回报的尝试。

此外，消费者心理还按照生态心理和性别心理等标准细分。消费者的多层次性决定了促销也要从多角度进行。随着物质文化生活水平的提高，人们的消费观念也在不断地发展。今天的时尚，可能明天就会过时，所以商品的促销必须不断改进，在继承传统与创意中寻求平衡、和谐与统一。

自学自测

一、单选题

1 “烧饼”及北京的“二锅头”白酒属于哪种命名法（　　）。

A．效用命名法　　B．产地命名法

C．制作过程命名法　　D．外形命名法

2 为了避免品牌延伸一旦失误给企业带来的负面影响，实施品牌延伸策略时应注意（　　）。

A．品牌策略细化　　B．品牌策略创新

C．品牌策略深化　　D．品牌策略定位

3 对同类商品根据质量、档次差异进行不同的包装设计，这种包装设计策略是（　　）。

A．特殊包装策略　　B．等级包装策略

C．复用包装策略　　D．赠品包装策略

4 由于服务产品的特质及组成服务的元素很多都是无形的，消费者在购买服务时，不能像购买一般产品那样直接比较和衡量服务质量，从而也就无法直接判断服务的价格高低，只能靠消费者自身感受及理解衡量服务的价格，这种定价方法称为（　　）。

A．撇脂定价法　　B．习惯定价法

C．理解价值定价法　　D．声望定价法

5 在新产品设计中，采用地位显示策略时应对产品的生产销售数量（　　）。

A．严格控制　　B．适当控制

C．适当增加　　D．大幅压缩

二、多选题

1 商品命名的方法有哪些（　　）。

A．效用命名法　　B．产地命名法

C．制作过程命名法　　D．外形命名法

E．动植物命名法

2 品牌的功能包括（　　）。

A．识别功能　　B．印象功能

C．维护企业形象功能　　D．信誉传播功能

E．增值功能

3 商标的构成元素包括（　　）。

A．字母　　B．图形

D．颜色　　D．文字

E．数字或符号

4 商品包装设计的心理要求有（　　）。

A．方便性　　B．实用性

C．安全性　　D．直观性

E．诱发联想

5 从心理学的角度，下列哪些符合商标设计原则？（　　）。

A．必须有鲜明的形象特征

B．要做到简明、通俗

C．要与产品本身的性质、特点和情调相协调

D．要符合法律规定

E．易于发育和记忆

三、判断题

1 “雪花”啤酒、“健力宝”饮料、“欢乐谷”游乐园等这些商品名称所体现的商品品牌的心理功能是便于记忆。（　　）

2 企业各种产品使用统一的商标时会增加宣传费用。（　　）

3 将用途相似、品质相近或者同一品牌的商品，采用同一图案、色彩、形状的包装形式称为配套包装。（　　）

4 营销人员向消费者推荐价格低的商品并同时传达质量的重要性，主要针对的是消费者的求廉心理。（　　）

5 促销的面包被放置在透明开窗式陈列柜里，这种方式所基于的消费心理为求信心理策略。（　　）

四、简答题

1 举例说明商品名称如何起到激发消费者情感的作用。

2 简述企业若干类产品使用同一商标与各自独立商标的优劣势。

3 以你所熟悉的当地某一特产商品为例，分析它的命名、商标、包装的心理策略。

4 新产品设计的心理策略有哪些？

5 以家电类产品为例，列出影响消费者购买行为的主要因素，并提出相应的营销策略。

课中实训

实训一　调研产品策略心理效应

任务1　调研产品名称心理效应

任务描述　以小组为单位，选择6个不同行业，每个组员选择其中1个行业，至少调研5种产品，通过图书馆电子期刊数据库、互联网搜集相关资料，研究产品名称的心理要求和心理策略。请将研究成果做成展示PPT，并将要点记录在表5–1中。

表5-1　产品名称心理效应调研

产品名称	调研结果	心理效应分析

任务2　调研品牌心理效应

任务描述　以小组为单位，选择6个不同行业，每个组员选择其中1个行业，至少调研这个行业内的同一种产品的5个品牌，通过图书馆电子期刊数据库、互联网搜集相关资料，研究品牌定位的心理策略。请将研究成果做成展示PPT，并将要点记录在表5–2中。

表5-2　品牌心理效应调研

品牌名称	调研结果	心理效应分析

任务3 调研商标心理效应

任务描述 以小组为单位，选择6个不同行业，每个组员选择其中1个行业，至少调研5种商标，通过图书馆电子期刊数据库、互联网搜集相关资料，研究商标设计心理策略。请将研究成果做成展示PPT，并将要点记录在表5-3中。

表5-3 商标心理效应调研

商标名称	调研结果	心理效应分析

任务4 调研包装心理效应

任务描述 以小组为单位，选择6个不同行业，每个组员选择其中1个行业，调研这个行业内5种产品的包装情况，通过图书馆电子期刊数据库、互联网搜集相关资料结合生活经历，研究产品包装的心理策略。请将研究成果做成展示PPT，并将要点记录在表5-4中。

表5-4 包装心理效应调研

调研项目	调研结果	心理效应分析
产品1包装策略		
产品2包装策略		
产品3包装策略		
产品4包装策略		
产品5包装策略		

任务5 调研新产品心理效应

任务描述 以小组为单位，选择6个不同行业，每个组员选择其中1个行业，至少调研这个行业内5种进入市场不久的新产品，通过图书馆电子期刊数据库、互联网搜集相关资料，研究新产品开发的心理策略。请将研究成果做成展示PPT，并将要点记录在表5–5中。

表5-5 新产品开发心理效应调研

新产品名称	调研结果	心理效应分析

任务6 设计产品策略

任务描述 以小组为单位，选择6个不同行业，每个组员选择其中1个行业，选择这个行业中至少5种产品，通过图书馆电子期刊数据库、互联网搜集相关资料，设计产品策略。请将研究成果做成展示PPT，并将要点记录在表5–6中。

表5-6 设计产品策略

产品名称	设计产品策略

实训二 调研价格策略心理效应

任务1 调研商品定价心理效应

任务描述 以小组为单位，选择不同的电商平台，每个组员查阅电商平台上商品的标价，针对标价指明价格策略，并把商品名称、价格、所属品类记录下来，在组内对比讨论，不同品类的商品价格策略有何区别？请将研究成果做成展示PPT，并将要点记录在表5–7中。

表5-7　商品定价心理效应调研

商品名称	调研商品名称、规格及价格	价格策略

任务2　调研商品降价心理效应

任务描述　以小组为单位，选择不同的电商平台，每个组员至少查阅电商平台上5种降价商品，关注降价时机、降价幅度、降价策略，并把商品名称、价格、所属品类记录下来，在组内对比讨论，不同品类的商品降价策略有何区别？请将研究成果做成展示PPT，并将要点记录在表5-8中。

表5-8　商品降价心理效应调研

商品名称	调研商品名称、规格及价格	降价策略

任务3　调研商品提价心理效应

任务描述　以小组为单位，选择不同的电商平台，每个组员至少查阅电商平台上5种提价商品，关注提价时机、提价幅度、提价策略，并把商品名称、价格、所属品类记录下来，在组内对比讨论，不同品类的商品提价策略有何区别？请将研究成果做成展示PPT，并将要点记录在表5-9中。

表5-9　商品提价心理效应调研

商品名称	调研商品名称、规格及价格	提价策略

实训三　调研渠道策略心理效应

任务1　调研渠道心理效应

任务描述　以小组为单位，选择不同的行业，每个组员选择行业内的1种商品，通过网络查阅购买该商品消费人群的数量、分布情况、购买批量的大小、购买习惯、终端销售点的设置情况，研究这种商品渠道的长度和宽度。请将研究成果做成展示PPT，并将要点记录在表5-10中。

表5-10　商品渠道心理效应调研

研究内容	研究结果
行业名称	
商品名称	
消费人群数量	
消费人群分布	
购买批量	
购买习惯	
终端销售点设置	
渠道长度	
渠道宽度	

任务2　设计商品渠道策略

任务描述　以小组为单位，选择6个不同行业，每个组员选择其中1个行业，选择这个行业中至少5种商品，通过图书馆电子期刊数据库、互联网搜集相关资料，设计这种商品的渠道策略。请将研究成果做成展示PPT，并将要点记录在表5-11中。

表5-11　设计商品渠道策略

商品名称	设计渠道策略

实训四　调研促销策略心理效应

任务1　调研商品促销心理效应

任务描述　每个组员根据自己的消费经历，或者查阅网络平台，选择至少5种商品，研究每种商品商家采取的促销策略，调研该策略面向的特定消费群体，把商品名称、所属品类、促销策略等记录下来，在组内对比讨论，不同人群采取的促销策略有何区别？请将研究成果做成展示PPT，并将要点记录在表5-12中。

表5-12　商品促销心理效应调研

商品名称	所属品类	面向人群	商家促销策略	促销心理效应

任务2　设计商品促销策略

任务描述　每个组员选择至少5种不同品类的商品，调查每种品类商品的目标人群，针对该人群心理特征设计促销策略，请将研究成果做成展示PPT，并将要点记录在表5-13中。

表5-13 设计商品促销策略

商品名称	目标人群	心理特征	促销策略

思政园地

国潮消费推动中国品牌崛起

近年来，随着年轻一代消费者对国货的信心逐渐建立，老牌国货在宣传自身产品时融入开始时代元素、文化内涵。2022年《国潮品牌年轻消费洞察报告》显示，对比10年前，国潮热度增长超5倍，78.5%的消费者更偏好选择国产品牌。“90后”“00后”贡献了74%的国潮消费。

“国潮风”之所以兴起，高品质、高性价比是根本原因。相比诸多国际大牌，年轻的消费群体渐渐发现，国货的品质一样可靠。例如某国货品牌的洗发水，不仅量足，洗后一样能让秀发蓬松自然；几十块钱一瓶的片仔癀珍珠膏，涂抹之后的效果丝毫不亚于动辄上千元的欧美大牌护肤品……越来越多的中国制造一边展示着“国”字情怀，一边以“强”字为依托，展现出强劲的竞争力。

品牌的价值在于品质，发展的出路在于创新。老牌国货真正“回潮”，既要实现传承，也要致力创新。历史基因和文化属性是老牌国货当下的核心优势。如何保持并不断提升品牌在品控质量、包装设计、产品创新、营销宣传等方面的实力，是老牌国货“长红”的关键。

守住经典，必须牢牢坚守品质“硬核”。以科研实力和创新能力为底座，持续打造产品核心竞争力。加大科技创新和研发投入，以科技赋能为中国制造注入内涵；苦练“内功”，推陈出新，为“国货当自强”贡献一份力量。

赢得顾客，必须持续提升服务水平。在产品创新、营销创新、服务创新上做足“功课”，让文化与审美相结合，变“坐等跨界”为“主动跨界”，以周到的服务和精准的对接，让国货品牌更贴近消费者的需求，以产品口碑增强消费者的黏性。

老牌国货“翻红”，体现了中国品牌力量的崛起，其中既有老牌国货主动求变适应市场竞争的积极作为，也离不开当下年轻消费群体的“消费情怀”。

数字营销

茅台的数字化营销建设

贵州茅台，作为白酒行业的领军者，自2022年起，在其董事长提出的“五合营销法”战略框架下，开启了数字化营销的新篇章。茅台将资源整合、数字融合、文化相合、品牌聚合以及管服结合有机统一，将构建并完善数字化营销平台确立为核心任务，迅速上线了“i茅台”电商平台，逐步实现茅台酒线上直营，数字资产积累，深度整合渠道客户数据，终端消费者的管控效能提升等多个目标。

进入2023年，茅台继续在数字化领域深耕细作，推出基于元宇宙概念的创新应用——“巽风数字世界”App。这款App精心打造了涵盖交易、集市、产品展示、互动交流等10个功能模块，同时设计了13条围绕茅酒之源文化传承与历史溯源的任务线路以及7条聚焦新品发布与品牌推广的任务线。此外，茅台聚焦“智慧茅台”愿景，全力打造茅台云、大数据两大基础平台以及供应链等4大业务系统，全方位构建起坚实的数字化生态体系，为企业的长远创新发展注入强劲动力。

课后拓展

实践训练

训练项目 牛奶消费心理调研

实训目标

1 体验顾客对商品名称的认知、记忆、情感、联想等心理功能；

2 培养对牛奶等商品的营销能力。

内容与要求

1 利用空闲时间到超市牛奶柜台进行市场调查，观察顾客选购啤酒情况。

2 统计各种品牌牛奶的日销售量。

3 对销售量排前3位品牌的牛奶，从牛奶品牌名称、商标设计、包装（包括瓶罐形状、包装物材料、容积大小、封口方式）等方面了解吸引顾客的主要原因。可以事先设计调查表让顾客填写，也可以对部分顾客做现场访问。

成果与检测

1 完成调查统计情况汇总。

2 撰写专题报告，总结销售量排名前3位的品牌牛奶在产品名称、商标、包装设计等方面的成功之处，并对销售量不佳的品牌厂商提出改进建议。

3 进行评估。

营销策略

某产品销售的消费者问题分析及营销策略制定训练

情境设计

选择一家大型商场，分组确定某种商品，运用观察法、调查法或其他方法，调查和分析该商品市场细分中的消费者问题、产品策略制定中的消费者问题、促销策略制定中的消费者问题、定价策略制定中的消费者问题、分销策略制定中的消费者问题。在此基础上制定相应的营销策略，并撰写《某产品销售的消费者问题分析及营销策略报告》。

技能考核

专业能力训练领域、技能点及参照标准见表5-14。

表5-14 技能考核参照标准

能力领域	技能点	名称	参照标准
某产品销售的消费者问题分析及营销策略制定	技能1	市场细分中的消费者问题分析	1. 能判断哪些消费者是产品的主要市场 2. 能识别根据哪些消费者特性来细分产品市场
	技能2	产品策略制定中的消费者问题分析	1. 能判断和分析消费者目前使用什么产品 2. 能分析消费者从这一产品上可以获得哪些利益
	技能3	促销策略制定中的消费者问题分析	1. 能分析哪些促销手段可以影响消费者购买和使用该产品 2. 能比较和分析哪些广告最有效果
	技能4	定价策略制定中的消费者问题分析	1. 能分析在不同目标市场中，价格对消费者的重要程度如何 2. 能分析价格调整对购买行为有哪些影响
	技能5	分销策略制定中的消费者问题分析	1. 能判断分析消费者在哪里购买这一产品 2. 能分析不同的分销渠道是否可以改变消费者的购买行为
	技能6	营销策略制定	1. 能进行合理的市场细分 2. 能制定合理的产品策略 3. 能制定合理的促销策略 4. 能制定合理的定价策略 5. 能制定合理的渠道策略

第六章

营销传播与消费心理

动画：光环效应

学习目标

知识目标

1. 掌握营销传播的心理机制。
2. 掌握广告媒体传播的心理功能。
3. 掌握口头传播的影响因素。
4. 掌握意见领袖传播信息的特征。

能力目标

1. 能根据选择消费人群的特征选择恰当的传播手段。
2. 能够测定不同广告媒体传播的心理效果。
3. 能根据口头传播的特征开展营销活动。
4. 能恰当运用意见领袖的作用开展营销活动。

素质目标

1. 具备诚信服务、德法兼修的职业素养，不做虚假宣传。
2. 树立个人良好的口碑意识，能够充分运用社交营销和发挥意见领袖的作用，开展营销活动。

思维导图

第六章 营销传播与消费心理

- 课前自学
  - 营销传播的心理机制
    - 营销传播的含义、营销传播的手段、营销传播的方式、营销传播的心理功能、营销传播心理机制分析
  - 广告传播
    - 商业广告概述、广告传播的心理功能、广告传播的心理策略
  - 口头传播
    - 口头传播的概念、口头传播的重要性、口头传播产生的原因
  - 意见领袖
    - 意见领袖的内涵、意见领袖的类型、意见领袖与营销策略
- 课中实训
  - 实训一 调研分析广告传播心理效应
    - □ 任务1 调研广告传播心理效应
    - □ 任务2 设计广告传播策略
  - 实训二 调研分析口头传播心理效应
    - □ 任务1 调研口头传播心理效应
    - □ 任务2 设计口头传播策略
  - 实训三 调研分析意见领袖心理效应
    - □ 任务1 调研意见领袖心理效应
    - □ 任务2 培养意见领袖策略
  - 实训四 新媒体营销传播心理效应
    - □ 任务1 调研新媒体营销传播心理效应
    - □ 任务2 设计新媒体营销方案
- 课后拓展
  - 实践训练
  - 营销策略
  - 技能考核

课前自学

一、营销传播的心理机制

（一）营销传播的含义

营销传播是指在营销过程中营销主体为实现营销的目标，运用各种传播手段，将有关信息传递给顾客或客户以激发其购买动机的信息传递与购买过程，营销在本质上就是一个信息传递与沟通过程，没有信息传播就没有营销。

营销传播心理机制

（二）营销传播的手段

1. 语言传播手段

语言传播手段指用来将公关信息由社会组织传送给公众的口头语言和书面语言，是公关传播的基本手段。

2. 非语言传播手段

非语言传播手段指用来将公关信息传送给公众的各种体态语言、类语言和空间运用等手段，是公关传播的辅助手段。

（三）营销传播的方式

营销传播方式主要有3种，如表6–1所示。

表6-1　营销传播方式的类型

类型	内涵
大众传播	大众传播是指社会组织借助大众传播媒介将公众信息传送给公众的方式。例如，一家企业通过电视（大众传播媒介）做广告
人际传播	人际传播是指社会组织不借助大众传播媒介，而是通过人与人之间的直接联系将公关信息传送给公众的方式。例如，一位公关人员登门拜访用户
综合传播	综合传播是指将大众传播与人际传播2种方式结合起来形成的一种组合传播方式

（四）营销传播的心理功能

1. 促进认知

营销传播虽然是信息的传递过程，但其效果受到传播主体、对象心理因素的重要影响。例如，传播主体（营销人员）是否真诚、对象（顾客）是否需要、信赖，这些心理因素会影响信息传播的有效性，并直接影响营销信息的准确接收以及相应的分析判断，进而决定认知的程度。

2．融通情感

信息在传播与沟通的过程中，会引起营销人员与顾客之间心理、情感上的变化。愉快、坦诚的交流，会进一步增强双方之间的信任，融通相互之间的情感，从而使营销过程成为双方愉快合作、互惠双赢的过程。

3．激发动机

顾客的购买欲望与决策，是基于认知的理性过程。但是，这一过程又不可避免地受到顾客心理、情绪等因素的影响。当顾客在做出理性的利益的比较选择后，最后的购买意向与决策，就会取决于营销传播与交流过程中的心理与情感因素。

（五）营销传播心理机制分析

1．顾客对传播主题的认知和评价

（1）专业权威性与知情程度。顾客对于由专家或知情者发布的营销相关信息容易接受，认为这些信息是可靠的。例如，由医学权威推荐某个药厂的产品就会令人信服。

（2）道德水平与性格、态度。顾客对于道德水平高的传播者提供的信息容易相信，通过对其人格的信任而导致对其传播信息的相信。另外，顾客对于真诚的、坦率的传播者的信息也容易相信。

（3）提供信息的动机。如果提供的信息明显有利于信息提供者，顾客就不容易接受。信息提供者不是出于私心，而是出于公心，或者有利于顾客时，其所提供的信息就很容易为顾客所接受。

（4）传播者受欢迎的程度。如果信息的传播者同顾客有良好的关系，或者非常受顾客的欢迎，那么，顾客对于他们提供的信息就容易接受。

企业应充分利用上述心理，选择适宜的人传播企业信息。

2．传播过程的心理分析

（1）人际传播心理。由于是人与人面对面地进行传播，传播信息更具有准确性与可信性。同时，人际传播也可能受到传播者人格等因素的影响。此外，人际传播可以使信息传播的过程更多地渗透进心理与情感交流的成分。这种心理与情感交流可能有助于或妨碍信息传播。

（2）大众传播心理。大众传播借助媒体，使传播面积明显扩大。顾客对这种方式的心理反应：一是使顾客觉得这种大面积公开发布的信息可能更可靠；二是由于通过中间媒介，也可能使顾客怀疑信息的失真问题。同时，有的媒介，如电视，有很强的影响效果，可促进顾客的认知，加深顾客的记忆，有利于顾客对信息的接收。

（3）传播媒体与顾客心理。传播营销信息的媒体不同，其信息传播效果就会有所不同。印刷广告，白纸黑字，适于顾客记忆、储存、查询，并有助于其了解详细信息；电子广告，对顾客的刺激明显，容易引起顾客注意，加深印象，并增强形象性、动态化认知，更容易使顾客接收信息。各种新闻媒介，由于其中立性、公正性和权威性，会使企业的信息更容易为顾客所接受和相信。

（4）传播手段与顾客心理。企业营销传播主要靠语言传播与非语言传播2种基本手段。传播手段的运用会在顾客心理上引发不同的反应：①营销传播的手段适应各种需要，会有利于顾客更愿意接受和理解信息；②语言运用的科学性与艺术性，会增强顾客接收信息的有效性；③沟通中情感因素的有效运用，会缩短营销人员与顾客的心理距离。

（5）传播信息与顾客心理。顾客对传播信息的心理反应主要体现在：①顾客对信息内容的感兴趣程度；②顾客对信息真实性、准确性的判断；③信息的传播渠道、载体或方式是否为顾客所喜欢或易于接受；④信息的知识性、趣味性和生动性。

企业在营销过程中，应在准确分析与把握上述心理因素的基础上，有效运用相应的心理要素去设计和管理信息传播过程，实现营销传播的目标。

3. 传播对象（顾客）心理分析

（1）顾客的人格因素。影响顾客能否接受关于企业营销的信息，主要受到以下顾客人格因素的影响：①自我尊重因素，自我尊重程度高，可能不容易受外界信息的影响；②智能因素，高智能的人对接收的信息要进行理智分析，进而决定是否相信；③思想方法因素，思想方法是科学、灵活，还是僵化、死板，也会影响对企业信息的接受程度；④性格因素，急性粗直的人多容易较快地相信一些信息；⑤心理健康因素，也会影响企业营销信息的接受程度。

（2）顾客现有态度情况。当顾客原有态度与企业信息不一致，企业想改变顾客态度时，其现有态度本身的一些情况也会影响顾客对其企业信息的接受。这主要包括以下几个方面：①态度形成时间的长短、态度的一致性程度、态度的强度。如果属于长时间形成、高度一致且高强度的态度，对于改变顾客态度的信息就不易接受，态度也不易改变。②现有态度与顾客利益的关系。如果态度的改变将导致顾客利益的损失，那么顾客会强烈抵制这方面的信息，坚持现有的态度。③顾客的这种态度是否公开，是否已采取行动，是否还涉及其他方面。如果顾客这种态度已广为外界知晓，或者已付诸行动，或者涉及其他方面的关系，则顾客将抵制要求其改变态度的信息，并顽固地坚持其态度。

（3）顾客对信息做出的反应。主要包括：①信息正好满足顾客的需要，顾客会做出积极地反应，认真接受信息，迅速改变态度；②信息与顾客态度不一致时，顾客可能采取多种办法来抵制信息：驳斥信息的正确性，贬损信息传播者，歪曲信息的内容，等等。如果出现后一种情况，显然不利于企业形象信息的传播。

企业必须认真分析顾客心理，研究顾客需求与特性，有针对性地解决其心理问题；善于运用心理策略，从心理上征服顾客，营造有利于传播的心理环境，以促进营销信息的有效传播。

二、广告传播

（一）商业广告概述

在市场营销活动中，商业广告已经逐渐成为企业专门传递商品信息的有效工具和手段，广告宣传成为消费者日常生活中不可或缺的一部分。

1．商业广告的概念

商业广告是指特定的广告主（企业）有计划地以付费的方式通过大众媒体向其潜在顾客传递商品或劳务信息，以促进销售的公开宣传方式。一般情况下，广告就是指商业广告。

广告传播

商业广告的概念包含以下基本含义：广告是企业开拓市场、进行营销的一种有目的的手段；广告是企业作为广告主进行的一种付费宣传方式；广告是通过大众传播媒体进行的；广告是传播商品、服务、观念等信息的；广告的对象是广大消费者，广告是面向大众的传播；广告的目的是使广告主受益。

2．商业广告的要素

（1）广告主。广告主是指发布广告的主体，一般是企业、团体和个人。广告主从事市场营销活动，需要向目标顾客传递商品或服务的信息。

（2）广告受众。广告受众是广告信息的接收者，包括目标顾客和一般公众。目标顾客又分为现实顾客和潜在顾客，即可能对产品或服务有需要并有能力和意愿购买或是将来可能购买的顾客。

（3）广告信息。信息是广告的具体内容，包括商品、服务、观念等。商品信息主要是性能、价格、地点等信息；服务信息主要是指提供服务活动，如交通、住宿、旅游、休闲、咨询、娱乐等信息；观念信息主要是倡导某种消费观念，消费意识，引导消费潮流的信息，如健康营养观念、休闲度假观念、旅游观光观念等信息。

（4）广告媒介。广告媒介是信息传递的中介。具体形式包括报纸、杂志、路牌、信函等文字媒体以及广播、电视、电子显示屏、互联网等电子媒体。

（5）广告费用。从事广告活动要支付必要的费用。如市场调查费用、广告策划费用、制作费用、发布费用、效果测定费用、代理费用等。

3．商业广告的分类

（1）依据广告目的划分，可以将企业的营销广告分为产品广告和企业形象广告。

（2）依据媒体形式划分，可以分为电视广告、广播广告、报纸广告、杂志广告、网络广告、电影广告、邮寄广告、户外广告、灯箱广告、空中广告、礼品广告、综合性的POP广告（店面广告），本书后面会详述等。

（3）依据商品生命周期划分，可以把广告分为引导期广告（商品刚刚引入市场）、选择期广告（商品在市场中已经处于销售高峰）和记忆期广告（商品已经处于衰退期）。

（4）依据广告创意的特点划分，可以把广告分为理性广告和感性广告两大类，前者主要以事实说理的方式传播商品信息，后者主要是以情感的要素来表达商品信息。

（二）广告传播的心理功能

广告传播的心理功能是指广告对消费者所产生的作用和影响。广告作为促成企业与消费者之间联系的重要媒介，具有以下心理功能。

（1）沟通功能。广告向消费者公开传递有关商品的商标、品牌、性能、质量、用途、使用和维护方法、价格、购买的时间、地点以及服务的内容等信息，使消费者对其有所认识，并在头脑中形成记忆，留下印象。

（2）激导功能。良好的商业广告或以理服人、或以情动人，注重艺术感染力，讲究人情味，能唤起消费者美好的联想，给消费者以某种美的享受，激发人们积极的情感，抑制消极的情感，从而改变其对商品的原有偏见或消极态度，激发其购买欲望和动机。

（3）促销功能。商业广告可以通过对商品或服务的宣传，把有关信息传递给目标市场的消费者公众，改变人们的消费观念，达到诱导消费者注意和产生购买动机的目的，引发新的消费需要，创造新的需求，进而实现促销目标。

（4）便利功能。广告能及时、反复地传播商品或服务的信息，便于消费者收集有关资料，对各种商品进行较为充分和有效的比较，为购买决策提供充分依据，从而替消费者节约购买时间，减少购买风险。

（5）教育功能。质量上乘的广告用科学、文明、健康、真实、生动活泼的内容和表现形式传递有效的信息。这可以增加消费者的知识，开阔视野，丰富人们的文化生活。掌握正确的选购和使用知识，能引导消费者树立合理的消费观念，具有潜移默化的教育作用。

（三）广告传播的心理策略

1. 广告定位心理

（1）广告定位心理要求。

①满足顾客的需要。广告定位要考虑顾客的需求是什么，怎样通过广告来加以满足。

②面向特定人群的特殊愿望。广告定位的基础是市场细分，它把目标市场按照一定要素分成若干的总体需求、购买习惯与行为有异的组成部分，有针对性地进行思考，向特定的人群推介适合他们的产品，以占有这部分市场为最终目的。

③强化在顾客心目中的相对优势。广告定位将商品的复杂特征转化为简单的符号，使其定位在顾客的心中，进入顾客的脑海中，以期购买欲望产生时，发生反射作用。

（2）广告定位的心理策略。不同厂商根据自己的不同市场地位，可寻求独特的广告定位心理策略。

①卓越超群，“舍我其谁”。这种策略常为市场领先者所采用，通过广告要在顾客心目中加深印象，保持领先地位；要利用人们心目中已经拥有的地位，以新的品牌来竞争取胜，或以更广的产品范围来保持自己的地位。

②“攀龙附凤”，增强号召力。这种策略常为市场追随者采用。在未引起人们足够重视的商品寻找市场的时候，一般采用类比的手法，以已经在人们心目中有不可动摇地位的商品或品牌为参照，强调诉求商品的重要性。

③寻找空隙，“冲出包围圈”。这种策略旨在寻找人们心目中而不是厂商的空隙，然后加以填补。比如，人为地对同类商品进行分类，以在激烈的市场竞争领域转移人们以往过多对其他商品的注视，转而关心广告中的商品。

④强调特色，求得一席地。这种策略为市场竞争中地位较弱者所采用，把视角集中于人们关注的某一问题，利用自己在潜在顾客心目中所拥有的某一方面的地位，孜孜不倦地加以巩固，使之在顾客心目中确立其在同类商品中的独特位置。

⑤区别对象，找准切入点。这种策略适用于首次进入人们心目中尚且空白的领域。厂商对商品主张的内涵可以是多方面的，但对于受众来说，在他们心目中第一次感知的信息会留下最大的空间和最深的印象。广告定位要区别自己产品的特定对象，以最为他们所关心的，所注重的内容作为切入点。

2. 广告创意心理

广告创意是指在广告定位的基础上，在一定的广告主题范围内进行广告整体构思的活动。广告创意是广告打动顾客心理的核心要素。

（1）广告构思中的记忆表象。广告作品的构思建立在众多具体素材的基础上，这些素材包括2个方面：一方面是客观事物中的实物或图片，另一方面是来自创作者头脑中已存储的客观事物的形象。这一形象可以是对当前事物直接反映的知觉映象，也可以是对以往感知事物在头脑中再现的记忆表象。在广告构思中，作为创作的心理素材积累起来的是留在脑海中的记忆表象。

表象来自知觉，又高于知觉。表象不仅具有直观性的特点，而且具有概括性的特点。如长城的表象，它是在万山丛中蜿蜒起伏的由砖块砌成的建筑，同时又是雄伟的、壮观的、古老的、带有某种特定含义的建筑。通过表象，人们可以形成丰富的想象。

（2）广告构思中的创造想象。在构思过程中，不仅仅是要回忆和再现相关表现，更主要是对这些表象进行整理加工、改造更新，形成新的形象。这种创造新形象的过程就称作想象，是广告构思中重要的心理活动之一。新形象的创造可以通过以下途径获得。

①创造性综合。创造性综合是将不同形象的有关部分组合成一个完整的新形象，这个新形象具有自己独特的结构，并体现广告的主题。这里不同形象的组合是经过精心策划的有机结合，而不是简单凑合、机械搭配。

②跳跃性合成。跳跃性合成是把不同物体中的部分形象，通过设计者跳跃性的思维方式进行合成，形成一个以往不曾有过的、全新的形象；或把两件并不相关的物品融合在一个画面里，使人们产生视觉失衡的冲击感。

③渲染性突出。渲染性突出是为使人们对广告推介的商品加深印象，利用各种手段进行渲染，以突出其所具有的某种性质，在此基础上塑造出崭新的形象。有时对原有形象中的局部可以进行带有夸张性的处理。

④想象性留白。在某些广告画面的构思和表现手法中，常用于在画面上一定的空间留出空白的手法，即留白。这一空白虽非形象的塑造，却能给人依据画面的其他部分展开想象的空间，进而感受空白之处所没有直接表现的内容。

（3）广告接受中的再造想象。一个富有创意的广告形象设计，融合了设计者的丰富思想和想象。这个设计经媒体传达到受众或顾客（即接受者）以后，接受者依据广告作品中的描述，在脑海中能再造出设计者所构思的形象。这种广告接受者还未遇到过的事物，依据广告作品的描述而在人脑中形成相应形象的过程，就是再造想象。丰富的再造想象可以产生丰富的联想。再造想象可能使原有商品在顾客的心目中变得更加完美，也可能因为某些信息的不明确而使顾客增添疑虑，进而失去兴趣。

3. 广告诉求心理

广告诉求心理是指在广告的策划和设计中通过对人的知觉、情感的刺激和调动，对人们观念、生活方式的影响，以及对厂商、商品特点的宣传，迎合和诱导人们，以最终促发顾客购买动机的过程。广告诉求的基本目标是唤醒或激发顾客对自身潜在需求的意识和认知。在广告诉求的各项内容中尤以情感的诉求最为敏感，更受人们的重视。

（1）顾客对广告的情感反应。顾客对广告的情感反应有2种类型：一类是积极的反应，如愉悦、热心、主动、激昂等；另一类是消极的反应，如气愤、懊丧、焦虑、压抑、害怕等。情感的影响有以下几个方面。

①影响认知。当情感同广告的内容相一致时，人们的记忆、认知和回忆均比不一致时要好些。一个亲切感人的广告，可以使人在对其产生好感的同时，愿意重复接受，进一步了解有关内容，加深对广告的印象，从而获得更多的认知。

②影响态度。由广告引起的情感，会导致对该广告的态度，进而同其商品联系起来，影响对该商品注册商标的态度和商标的选择。

③影响体验。情感的作用还会转化为使用中的体验。当人们受广告中喜爱的主人公使用特定商标所产生的积极情感影响，并受该广告中使用体验的重复作用时，就会产生同感，转化为实际使用中的体验。

（2）情感诉求因素。广告情感诉求往往与人类较高层次的需要建立密切联系。广告创意中如果能在充分体现广告主题的基础上，利用情感诉求来唤起顾客较高层次的需要心理，往往可以提高说服效果。广告创意中常用的、积极的、高层次的情感因素主要有以下几种。

①关爱感。关爱感是常用的情感诉求因素。顾客希望获得亲人的关爱、朋友的关爱、社会的关爱。

②美感。美感是广告常用的情感诉求元素。爱美之心，人皆有之，从某种意义上来讲，美也是人们获得尊重的一个重要元素。以美感进行情感诉求，非常容易为顾客所接受。

③成就感。成就感是人的需求的最高层次。广告诉求中常用象征手法暗示顾客，某成功男士（女士）使用这一产品，那么其他购买使用这一产品的顾客也会像他们一样成功。

（3）广告元素的情感因素。在广告设计中，色彩、图案、文字和音乐都可能与一定的情感体验发生联系，正确合理地使用这些元素，可以诱发顾客特定的情感。

①色彩。色彩是具有情感意义的重要因素，由于习俗的影响和社会文化的长期积淀，许多色彩都具有一定的象征，能产生某种情感体验和某些联想。

②图案。图案是广告设计中最形象化的元素，它能以其对顾客感官的直接刺激使人受到感染。

③文字。广告中的文字包括标题、广告词和文案。标题、广告词言简意赅，可起到

画龙点睛的作用。文案可以有一定的篇幅，给富有感染力的表述以充分发挥的空间。

④音乐。在视听媒介中，音乐能以其优美而富有感染力的旋律，深深地打动听众，发挥其他广告元素难以发挥的独特作用。

（4）广告诉求的理性心理方法。广告诉求除了情感的、感性的方法以外，还常使用论证的、理性的方法。理性心理方法根据人们的心理，充分说明商品的好处，以促使顾客购买。这类方法重视证据，逻辑性强，以理服人，富有哲理，常采用权威机构或者专家的鉴定或赞许来使人们信服，影响顾客的认知。理性诉求有时与感性诉求结合在一起使用。理性心理方法有以下几种。

①证实的方法。证实即用事实证明广告所介绍的商品性能可靠，质量优越，以使顾客确信。

②证据的方法。证据即通过提出使用或实验的证据来证明商品的特性。

③主张的方法。这是一种阐明厂商经营宗旨和经营目的的方法。

④论证的方法。这是用论证的说明向人们诉求的方法。

三、口头传播

（一）口头传播的概念

口头传播也称口传，是指以口头方式传播信息。口传一直对消费者的购买行为产生着重要影响。莫里恩调查研究显示，口传导致的购买次数是广告的3倍。费德蒙和斯宾塞研究发现，在搬进某一社区的新居民中，2/3的人是通过与他人交谈获得信息而找到他们现在所熟悉的医生的。不仅如此，口传较其他传播方式对消费者的影响更大。罗伯特·卡茨等人的研究表明，口传的有效性是广播广告有效性的3倍，是人员推销的4倍，是报纸和杂志广告的7倍。

口头传播

（二）口头传播的重要性

口传信息更具有活力，更容易进入消费者的记忆。另外，较其他传播方式而言，口传信息受干扰比较小。

口传不只是传达正面信息，同样，它也传达负面信息。通常，负面口传较正面口传对消费者的影响更大，所谓“好事不出门，坏事传千里”就反映了这种情况。那么，消费者在购买产品时，为什么会对负面信息给予较正面信息更大的考虑权重呢？一种可能的解释是：在消费者眼中，大多数产品都是比较好的，不好的产品在所有出售的产品中占的比重很小；一旦出现关于产品的不好信息，这一信息将会更加引人注目，消费者会更多地考虑这一信息，并在做决策时加重它的权重系数。

（三）口头传播产生的原因

从口传信息传播方看，通过提供信息影响别人的购买行动，主要是出于4方面的动机或考虑。首先，可以获得一种拥有权力和声望的情感。从某种意义上讲，信息代表一种权力，拥有更多的信息就意味着更大的权力，给别人提供信息就是这种权力的释放。其次，减轻对自身所做购买决定的疑虑或怀疑。通过信息的提供和说服，动员他人购买与自己所购相同的产品，会减轻购买产品后的不协调感，并为购买决定的合理性与正确性提供新的支持力量。再次，增加与某些人或某些团体的社会交往，获得这些人或这些团体的认同与接纳。最后，获得某些可见的利益。

从口传信息接收方看，从朋友、同事或其他消费者处获取购买信息与建议，主要是出于个体方面的考虑。首先，可以获得较厂商或卖方所提供信息更值得信赖的信息。事实上，卖方所提供的信息可能不充分，甚至不真实，因为出于促销目的所提供的信息，往往只有正面信息而无负面信息。因此，消费者需要寻找他认为更真实、更客观的信息，口传信息在大多数消费者看来正是这样一种类型的信息。其次，降低购买风险所引起的躁动与不安。一般而言，当购买的产品很复杂，或者当产品很难用某些客观的标准进行检验来判断其品质的好坏时，消费者所察觉到的购买风险就会较高。此时，他除了从公共传媒获取信息外，还积极地从个人渠道搜寻信息。最后，减少信息搜寻时间。从周围的熟人、朋友或其他消费者处获取信息，既方便又省时，在很多购买情形下是一种有效的信息获取方式。

四、意见领袖

（一）意见领袖的内涵

在口传过程中，经常可以发现，有些消费者会较其他消费者更频繁或更多地为他人提供信息，从而在更大程度上影响别人的购买决策，这样的消费者被称为意见领袖或舆论领袖。

意见领袖

（二）意见领袖的类型

有单一意见领袖和多面意见领袖2种类型。单一意见领袖通常限定在特定的产品领域或特定的购买情境中，比如，某位消费者是电器产品的行家，在电器产品领域有丰富的知识和经验。于是，其他消费者在购买电器产品时就会向他求教，获得他的意见与建议。有些消费者会在多个领域成为意见领袖，这样的消费者被称为多面意见领袖。

调查表明，在有些文化背景下，单一意见领袖占主导地位。而在另外一些文化背景下，多面意见领袖占主导地位。一般认为，在传播技术比较发达的社会里，单一意见领袖比较盛行；在传播技术欠发达的社会里，多面意见领袖则较为盛行。

（三）意见领袖与营销策略

长期以来，营销人员就意识到意见领袖对消费者行为的重要影响，他们发现，口传信息等非正式沟通比广告等正式沟通更受消费者的信任。因此，营销人员常试图促进消费者与本企业产品的非正式沟通。

（1）直接识别和利用意见领袖。要想直接利用意见领袖，首先就要通过调查或逻辑推理，判断出在现有状况下意见领袖是哪些人。可是在现实中要想识别出哪些人是意见领袖并非易事，但是，只要留心观察会发现有些产品有职业的意见领袖。比如，理发师就是洗发品和护发品的意见领袖，农业技术人员就是良种及农药、化肥的意见领袖，所以人们有可能通过逻辑推理辨别出许多产品的意见领袖。此外，也可以根据意见领袖的特质设计问卷，用问卷法来识别意见领袖。

当意见领袖被发现后，营销人员就可以把营销调研的重点放在他们身上，比如，对产品使用情况的调查、广告稿件的事先测试、媒体偏好的调查等，进行这些典型调查时应该首先选择意见领袖这样的对象。此外，营销人员也可以通过向意见领袖赠送免费样品来促进意见领导过程。因为送免费样品给那些潜在的消费者，已被实践证明是引起消费者对该产品进行非正式沟通的行之有效的工具。

（2）刺激意见领袖。这种促销策略是通过给潜在的意见领袖提供充分的信息和激发其足够的兴趣，以促使他们与其他人对产品特性展开讨论。将广告设计成让消费者“告诉你的朋友，你有多么喜欢本企业的产品”就是营销人员利用广告刺激潜在意见领袖与其他人讨论广告产品的一种方式。另外，利用包装或传单等媒介向消费者提供大量的信息，也是营销人员刺激意见领袖的常用方式。

（3）模仿意见领导过程。模仿意见领导过程是营销人员经常在广告和人员推广中使用的营销策略。这种策略是请几个人扮演非正式沟通中的角色，在公众面前对产品展开讨论。使用这种策略能够减少消费者向其他人寻求产品知识和劝告的实际行为。

（4）培养意见领袖。除了直接使用或刺激意见领袖外，一些学者还建议“创造”意见领袖。在一份研究中，一家唱片公司邀请某城市中学生团体的部分代表人物，如班长、体育委员、文艺委员等参加一个评选唱片排行榜的小组。该公司把参加评选的所有唱片和歌手情况都详细地介绍给这些学生，同时也鼓励这些学生去调查有关的材料。此外，这些学生还被鼓励去与朋友讨论自己的选择。结果该公司经评选小组评审的唱片中，有几张排在该城市销量的前十名内，但这些唱片在其他城市中根本排不到前十名。可见，该公司在培养意见领袖方面取得了明显的成功，扩大了产品的销售量。

由此看来，意见领袖是可以培养的。由于意见领袖具有爱交际和对某类产品感兴趣且有较多了解的特点，因此一个企业可以先识别一批爱交际的人，然后培养他们对本企业产品的兴趣，增进他们对本企业产品的了解，使他们成为企业产品的意见领袖。

自学自测

一、单选题

1 营销传播中“引起营销人员与顾客之间心理、情感上的变化”的心理功能为（　　）。

A．促进认知　　B．融通情感

C．激发动机　　D．强化信任

2 广告的（　　）功能可以将消费者对某种产品的否定态度转变为肯定态度，从而影响消费者的购买决策。

A．沟通　　B．法律

C．促销　　D．便利

3 广告（　　）是广告打动顾客心理的核心要素。

A．创意　　B．构思

C．作品　　D．形象

4 一些企业常常在进行奥林匹克运动会赞助的同时标注奥运会指定商品，这是基于消费者情感诉求中的（　　）。

A．成就感　　B．美感

C．触感　　D．关爱感

二、多选题

1 商业广告的要素包括（　　）。

A．广告主　　B．广告受众　　C．广告信息

D．广告媒介　　E．广告目标

2 广告所提供的信息应具备的特性为（　　）。

A．刺激性　　B．趣味性　　C．传播性

D．有用性　　E．独特性

3 意见领袖较一般消费者更为突出的表现为（　　）。

A．活跃　　B．自信　　C．创新

D．知识丰富　　E．影响力大

4 商业广告的传播功能主要是（　　）。

A．吸引消费者的注意　　B．提高消费者的兴趣

C．改变消费者的态度　　D．向消费者传递信息

E．塑造品牌形象

5 在其他条件相同的情况下，人们的注意程度与广告版面大小之间的关系是（　　）。

A．正比关系　　B．反比关系　　C．不确定关系

D．没有关系　　E．在一定范围内呈正比关系

三、判断题

1 如果提供的信息明显有利于信息提供者，顾客就容易接受。（　）

2 自我尊重程度高，较为容易受外界信息的影响。（　）

3 信息经口头传播比广告传播的效果更好。（　）

4 意见领袖是可以培养的。（　）

四、简答题

1 举例说明在销售手机的过程中与30岁左右的女性消费者融通感情的方式方法。

2 举例说明营销人员的诚实守信的品质会打动消费者的原理。

3 举例说明成功的广告作品的创意、构思，满足目标客户群体哪些方面的心理诉求。

4 口头传播有哪些优缺点？

5 如何利用意见领袖制定合理的营销策略？

课中实训

实训一　调研分析广告传播心理效应

任务1　调研广告传播心理效应

任务描述　以小组为单位，每个组员选择某一行业感兴趣的商品广告，至少调研5种商品广告，通过图书馆电子期刊数据库、互联网搜集相关资料，从投放渠道、广告语言、广告场景、广告创意等角度研究该广告体现的心理策略。请将研究成果做成展示PPT，并将要点记录在表6-2中。

表6-2　广告传播心理效应调研

调研项目	调研结果	心理效应分析
商品1广告		
商品2广告		
商品3广告		
商品4广告		
商品5广告		

任务2　设计广告传播策略

任务描述　以小组为单位，选择某一行业中感兴趣的一种商品，拍摄一条视频广告，并简单汇报拍摄思路，包括但不限于广告信息、广告口号、广告场景、广告创意、投放渠道等。请将研究成果做成展示 PPT，并将要点记录在表6–3中。

表6-3　设计视频广告

汇报项目	汇报内容
产品描述	
广告信息	
广告口号	
广告场景	
广告创意	
投放渠道	

实训二　调研分析口头传播心理效应

任务1　调研口头传播心理效应

任务描述　以小组为单位，每个组员选择某一行业感兴趣的商品广告，至少调研5种商品，通过图书馆电子期刊数据库、互联网搜集相关资料，研究哪些商品是通过口头传播实现传播效果的，并分析该商品口头传播的心理效应。请将研究成果做成展示 PPT，并将要点记录在表 6–4 中。

表6-4　口头传播心理效应调研

调研项目	调研结果	心理效应分析
商品1		
商品2		
商品3		
商品4		
商品5		

任务2　设计口头传播策略

任务描述　以小组为单位，选择感兴趣的5种商品，为实现商品宣传效果发起口头传播活动，并阐述该做法运用了哪些心理效应。请将研究成果做成展示 PPT，并将要点记录在表6–5中。

表6-5　口头传播活动

调研项目	活动策划	心理效应分析
商品1		
商品2		
商品3		
商品4		
商品5		

实训三　调研分析意见领袖心理效应

任务1　调研意见领袖心理效应

任务描述　以小组为单位，每个组员选出某个领域中自己心目中的一个意见领袖，并说明该意见领袖是如何建立自己的影响力，从而影响消费者的消费行为的。请将研究成果做成展示 PPT，并将要点记录在表6–6中。

表6-6　意见领袖心理效应调研

调研项目	调研结果	心理效应分析
意见领袖1		
意见领袖2		
意见领袖3		
意见领袖4		
意见领袖5		
意见领袖6		

任务2　培养意见领袖策略

任务描述　以小组为单位，选择感兴趣的某一行业中的某种商品或服务，探讨如何成为该领域的意见领袖，影响消费者的消费行为，从而实现商品宣传效果，并阐述该做法运用了哪些心理效应。请将研究成果做成展示 PPT，并将要点记录在表6–7中。

表6-7　成为意见领袖

实施步骤	具体活动	心理效应分析
步骤1		
步骤2		
步骤3		
步骤4		
步骤5		

实训四　新媒体营销传播心理效应

任务1　调研新媒体营销传播心理效应

任务描述　以小组为单位，通过图书馆电子期刊数据库、互联网搜集相关资料，在线搜集3～5种新媒体营销传播案例，并分析该案例所体现的心理效应。请将研究成果做成展示 PPT，并将要点记录在表 6–8 中。

表6-8　新媒体营销传播心理效应调研

调研项目	新媒体描述	心理效应分析
新媒体营销案例1		
新媒体营销案例2		
新媒体营销案例3		
新媒体营销案例4		
新媒体营销案例5		

任务2　设计新媒体营销方案

任务描述　以小组为单位，选择感兴趣的某一行业的某种商品或服务，为其设计1个新媒体营销传播方案，并简单汇报设计思路，包括但不限于营销目标、消费者心理分析、选择的新媒体平台与模式、主要内容与方法等。请将研究成果做成展示 PPT，并将要点记录在表6–9中。

表6-9 设计新媒体营销方案

汇报项目	汇报内容
产品	
营销目标	
消费者心理分析	
新媒体平台与模式	
主要内容与方法	

思政园地

抵制网红直播乱象

在“网红直播带货”中，一些网红及电商，为了在短时间内赢得更多利益，对消费者隐瞒欺诈、伪劣假冒、弄虚作假，骗取消费者的信任。从短期来看，主播获得了更好的销售额、曝光量以及关注度。但从长远来看，这是以牺牲主播的口碑以及品牌、诚信为代价。如果信任缺失，网络商业生态将不能和谐发展，也收获不了消费者的忠诚和企业的持续盈利。从更深层次来看，这会形成社会不良风气，侵蚀人们对社会的价值认同和社会伦理基础，导致社会信任危机。

消费者要加强理性思考，避免冲动消费，培养健康的消费习惯，要选择与自身经济能力相适应的产品，而不是只听信主播灌输的消费价值观，远离让人欲望膨胀的奢侈型消费，注重丰富自己的精神生活，才有利于改变不健康的消费习惯，避免“消费成瘾”等不良消费习惯的形成。

数字营销

口碑传播之STEPPS——沃顿商学院乔纳·伯杰教授的口碑传播战略

为什么某些产品会大卖，某些故事被人们口口相传，某些视频链接被疯狂地转发、点击，而另外一些却无法掀起波澜呢？

沃顿商学院的营销学教授乔纳·伯杰深入研究了这一问题。乔纳·伯杰教授创建了一个网上工具STEPPS，帮助营销者按照其想法进行各方面的详细评估和改进。

通过大量的实验，乔纳·伯杰教授总结出了让产品得到口碑传播的六步战略——STEPPS：社交货币（social currency）、诱因（triggers）、情绪（emotion）、公共性

(public)、实用价值(practical Value)、故事(stories)。

质量、价格和广告并不能解释所有品牌或商品流行的原因。要想真正塑造一种现象级的流行品牌或流行商品，传播者应该“建立一个有社交货币的、已激活的、富含情绪的、具有公共性的、有实用价值的故事，并确保要传播的信息牢牢嵌入人们的谈论之中，这样才能广泛地传播”。

在数字时代，口碑传播的作用更是被一再放大，口碑的传播不限时间、地点、范围，数字化口碑对消费者的品牌忠诚度非常重要。

资料来源：乔纳·伯杰. 疯传：让你的产品、思想、行为像病毒一样入侵[M]. 刘生敏，廖建桥译. 北京：电子工业出版社. 2014.

课后拓展

实践训练

训练项目 广告策划

实训目标

1 掌握广告定位心理方法。

2 学会使用广告诉求的情感元素和理性心理方法。

内容与要求

1 选择你感兴趣的一种商品，进行营销与广告策划。

2 事先做好消费者情况分析。

3 拟定简单的营销策略文案，包括场所的选择、产品品种数量的准备、价格的确定、时间和人员的安排。

4 提出广告创意，编写广告词，提出预期心理效应。

5 有条件地征询消费者对广告的意见，提出改进计划。

成果与检测

1 全班组织交流与评价。

2 根据在交流与评价中的表现打分。

营销策略

广告传播策略训练

情境设计

以小组为单位，面对大学生群体，选择一款你熟悉的某品牌产品，拍摄一条视频广告。在课堂上展示所拍摄的视频广告，并简单汇报拍摄思路。

视频广告时请注意以下问题：

产品；

广告信息；

广告口号；

广告创意；

广告媒介。

技能考核

专业能力训练领域、技能点及参照标准见表6-10。

表6-10　技能考核参照标准

能力领域	技能点	名称	参照标准
基于广告心理功能制定营销策略	技能1	广告定位心理调查技能	1. 能调查广告定位心理要求 2. 能制定广告定位心理策略
	技能2	广告创意心理分析技能	1. 能分析广告创意心理 2. 能构思广告创意
	技能3	广告诉求心理分析技能	1. 能调研消费者对广告的情感诉求 2. 能掌握广告诉求心理方式
	技能4	基于消费者心理特征的广告传播策略制定	1. 能设计广告创意 2. 能依据消费者广告心理特征提出相应的营销策略

第七章 营销场景与消费心理

动画：波纹效应

学习目标

知识目标

1. 掌握商店的选址、招牌、店标和橱窗等外部环境对消费心理的影响。
2. 掌握商店内部装饰、商品陈列等内部环境对消费心理的影响。
3. 掌握网络营销的心理策略。

能力目标

1. 能正确运用商店的店容、店貌等消费心理策略开展营销活动。
2. 能正确运用商店的内部装饰、商品陈列等消费心理策略开展营销活动。
3. 能根据消费者心理特征制定网络营销策略。

素质目标

1. 树立体验营销意识，能够创造出符合消费者心理预期的购物环境，使营销活动更加贴合消费者的心理需求。
2. 树立网络购物安全意识，能够根据消费者购物偏好特征提供安全保障的网络环境。

思维导图

第七章 营销场景与消费心理

- 课前自学
  - 外部环境与消费心理
    - 选址与消费心理、商场类型与消费心理、招牌与消费心理、门店与消费心理、橱窗与消费心理
  - 内部环境与消费心理
    - 商品陈列心理、购物场所的环境心理、POP广告设计心理
  - 网络营销与消费心理
    - 网络营销的含义及特点、网络消费者的类型、网络消费者的心理特征、基于网络消费心理的营销策略
- 课中实训
  - 实训一 调研分析外部环境心理效应
    - □ 任务1 调研商场类型、选址与消费心理效应
    - □ 任务2 调研招牌心理效应
    - □ 任务3 调研橱窗设计心理效应
  - 实训二 调研分析内部环境心理效应
    - □ 任务1 调研商品陈列心理效应
    - □ 任务2 调研购物场所环境心理效应
  - 实训三 调研分析网络营销心理效应
    - □ 任务1 调研网络营销心理效应
    - □ 任务2 设计网络营销策略
- 课后拓展
  - 实践训练
  - 营销策略
  - 技能考核

课前自学

一、外部环境与消费心理

（一）选址与消费心理

要实现经营目标，选址应综合考虑与区域、商品、商场类型有关的顾客心理。

外部环境与消费心理

1．区域与地址心理

商圈也称交易区域、商势圈，是指以零售店铺所在位置为中心，沿着一定的方向和距离扩展，吸引顾客的辐射范围。任何一家店铺都有自己特定的商圈，商圈范围及形状常常根据店铺内外部环境因素的变化而变化。从形状上看，商圈实际并非呈同心圆形，而表现为各种不规则的多角形。按层次的不同，通常把商圈分为核心商圈、次级商圈和边缘商圈，如图7–1所示，其中核心商圈是指接近商店并拥有高密度消费者群的区域，通常商店55%～70%的顾客来自核心商圈。次级商圈位于核心商圈之外，是顾客密度较稀的区域，占商店顾客的15%～25%。边缘商圈位于次级商圈以外，是顾客分布较少、商店吸引力较弱的区域，占商店顾客的5%～10%，规模小的商店在此区域几乎没有顾客。

商场选择区域要综合考虑所在区域的人口因素、地理环境因素以及地段因素，特别是要掌握顾客对商场选址的心理预期。顾客主要有以下针对区域选址的心理预期。

（1）商场聚集心理。商店林立的商业街，由于商家集聚，就会造成一个规模大、密度高的顾客群。商业经营中具有明显的马太效应，很多顾客有着浓厚的从众心理，人越多，认为商品越吸引人，购买兴趣就越高。人口密集商家聚集，是商场设置的理想区域。

（2）购买便捷心理。选择在交通比较便捷、进出道路比较畅通、商品运输安全省时、主要顾客购买路程不远或乘坐公交车站数不多且不必换车的地方设置商场，就可以较好地满足顾客的便捷心理。

（3）最佳地段心理。在一条商业街内，街区两端购物的人要明显少于中间地段，中间地段则比较优越。这是顾客集聚心理与便捷心理的一个反映。

2．商品与选址心理

商场选址还要分析商品性质、顾客的消费习惯等特点，选址应面向目标区域的商品门类或商品价格定位。

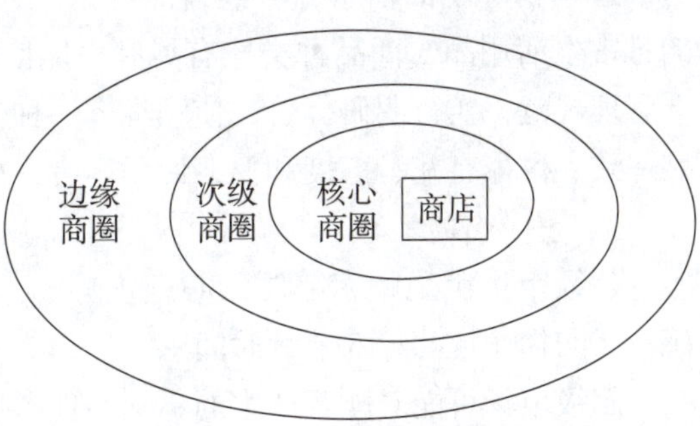

图7-1　商圈分类

（1）商品类型与顾客选址心理。一般日常生活用品超市应设在靠近居民区中间的地段，以方便居民日常购物消费的需要；黄金饰品、钢琴等贵重物品应设在与高档商店相毗邻的地段，以适应顾客购买高档商品时对商场档次、商场信誉、外部环境的心理要求。

（2）商品价格与顾客选址心理。应根据顾客对商品价格的需求心理选择店址。高档文化艺术类商品、豪华生活消费品的商场，应设在高收入顾客群生活地或商业街，以满足顾客的声望需求。

（3）消费习俗与顾客选址心理。商场选址要考虑人们消费习俗的不同，因地而异，使购物更符合顾客的消费习惯。

3．商场类型与选址心理

不同类型的商场设置在何地，一定要与顾客的心理需要结合起来。

（1）业态分布与顾客选址心理。业态是服务于某一顾客群或某种顾客需求的销售经营形态，是目标市场进一步细分的结果，必须依据顾客对不同业态的需求心理来选择店址。标准食品超市应贴近居民区，以居民区的常住居民为主要顾客群，并与大型超市保持一定距离，其选址最好离大型超市5千米以外；仓储式会员店应优先考虑交通方便，不以靠近居民区为第一选择目标，除此以外，它可以以低价吸引人。

（2）竞争环境与顾客选址心理。商场选址要考虑业种、业态分布，或与其周围的其他商品类型相协调，或能起到互补作用，或有鲜明特色。同类小型专业化商店接壤设店，可形成特色街，吸引人流，满足顾客到特定的商业街购物的特定心理预期。如果一家珠宝玉器商店孤零零地开在汽车配件一条街中，谁也不会相信它能够招徕顾客。

（3）配套场所与顾客选址心理。顾客在某些商场购物中有要求获得配套服务的心理。仓储式会员店一般停车场面积与营业面积1∶1，以方便频繁地进货与顾客大批量购物后的运输用车停放；以低廉价格销售商品的大卖场可设在市郊结合部，以便在配备与营业面积相适应的宽敞的停车场的同时，降低成本，尽管路远一些，但可以满足顾客的求廉心理。

（二）商场类型与消费心理

1．百货公司

百货公司一般坐落在城市的繁华地段，具有满足顾客某些方面愿望的有利条件：①建筑富丽堂皇，营业场所宽敞，环境布置气派、豪华，上下电梯方便，可以满足顾客对舒适购物环境的需求；②经营品种繁多，可提供人们吃、穿、用等所需的几乎所有的日常生活用品，商品种类应有尽有，能使顾客感受“走百家不如进一家”的便利感；③管理规范，实行明码标价，使顾客有一种价格上的信赖感；④训练过的专职营业员着装一致、彬彬有礼、态度和蔼，使顾客有一种被尊重的满足感。

2．超级市场

超级市场满足顾客需要的心理优势：①购物方便感；②价格低廉感；③环境舒适感；④购物愉悦感；⑤节约时间感。

超级市场可能对顾客产生的不利心理影响：超级市场的商品大多价格比较低，即使是高档的商品也很难卖上价钱。同时，没有营业员的周到服务，受尊敬的感觉不明显。

3. 连锁商店

连锁商店是经营同类商品、属于同一企业或同一经营体系控制的商店群，它实行商品标志、商品陈列、服务规范等方面的统一。连锁商店满足顾客需要的心理优势：①连锁商店既可实现规模经营，又能适应分散购物，较之百货商店具有更贴近顾客的便利性；②其统一的店貌、标准化的商品和服务可满足顾客认准服务品牌、方便消费、放心消费的心理；③连锁超市具有多种业态模式，可满足顾客的不同需求。如仓储式商场，实行仓储和销售的一体化、低价销售，提供有限服务，采取自我服务的销售方式，价格一般比同类食品的市场价格低10%～15%。顾客对其特低的价位尤其感兴趣。

连锁商店可能对顾客产生的不利心理影响：不同业态模式的连锁店，差异较大，常给顾客造成一些认知上的障碍，例如，专卖店的高价位与连锁超市的低价位可能使一些顾客产生错觉。

4. 专业化商店

专业化商店是经营特定类型同类商品的商店，如食品商店、家电商店、妇女用品商店等，它能在一个相对狭窄的商品门类范围内，提供前面三类商场难以配齐的商品，以“专”取胜。此外，还有销售商品门类范围更狭窄的手机商店、陶器商店等，专业化商店的另一种类型是专卖店，专门经营某一品牌的商品，提供相关的服务。专业化商店能满足有特定购物品种意向或对品牌、款式有严格要求的顾客的心理需求。

（三）招牌与消费心理

1. 招牌的概念

招牌作为商场的牌号、商场名称的艺术制作，是顾客寻找和识别商家的标记。顾客徜徉在商业区，首先浏览到的是各式各样的招牌。商业街相互连接、各具风格的招牌，构成了丰富多彩的街景装饰，并营造出浓郁的商业氛围。

2. 招牌的心理功能

（1）触发感知。商场招牌是商场的标示，它常常直接或间接地将商场的行业属性、服务标志或服务领域简明扼要地加以反映。老顾客凭借招牌可以找到自己要去的商场，新顾客即使不知商场的经营业务，也能根据商场招牌大致了解其主营项目或服务范围。

（2）引起兴趣。一个构思独特、富有形象性和艺术感的商场招牌，能够牢牢吸引顾客的眼球，极大地引起顾客的兴趣，使人产生非进去看看不可的欲望。

（3）象征信誉。一些商场历史悠久、传统独特，经过几代人的培植，其招牌名称本身就是巨大的无形资产。如“杏花楼”等，这些招牌象征着商家由来已久的信誉，使人一见招牌，就为其中的特色内涵所感染，不禁产生信任、仰慕之感，形成品牌珍贵与产品超值的联想。

（4）便于记忆。一个独特的招牌名称，朗朗上口，易读易记，会给顾客留下深刻的记忆，从而在人群之间广为传播。比如，北京的“全聚德”，苏州的“得月楼”，经历岁月的洗礼，因其名富有特色，再加上几代人对品牌的精心培育，深深地印刻在人们的心里并广为传播，成为“金字招牌”。

（5）自然朴实。众多商家为商场起一些大众化的名称，如“为民超市”“为民百货”“大众饭店”等。这类名称直截了当地将商家的服务宗旨向人们展示，自然而又朴实。这样能起到贴近顾客的心理作用，顾客顾名思义地认为这是面向大众消费的商店。大众化名称的不足之处是重复度比较高，难以形成深刻印象。

（6）以情感人。商场命名如能寓情感于其中，可使顾客感到脉脉温情。“全聚德”饭店的名称给人以亲切温暖的感觉，使千万聚餐的亲朋好友备感温馨，增加欢乐的气氛。

（7）激发兴趣。商场名称切忌千篇一律、千人一面。起一个富有特色、与众不同的店名可以引起人们的注意，激发人们的兴趣。如“傣家村大酒店”“红房子西菜馆”“小绍兴酒家”等，店名给人以明显与众不同的感觉，令人不免会产生兴趣和联想。不过形式与内容要保持一致，不能只是在名称上做文章，一定要有特色，防止给人以故弄玄虚之感。

（8）意味深长。有些百年老店名称内涵丰富，文化品位和历史感强，给人留下深深的印象。如“醉翁亭”“朵云轩”等，这些店名本身古朴典雅、意味深沉，给人以文化上的享受，值得长久回味。

（四）门店与消费心理

1. 门店建筑的心理功能

建筑是一门艺术，是物质和精神的统一。商场建筑不仅具有形态功能，也具有心理功能。从形态功能来讲，它能满足作为购物场所的空间需要；从心理功能来讲，它能给人以形式美感，产生美的愉悦，由此吸引更多的顾客，营造良好的购物氛围。不同的建筑结构和材料形成不同的商业形象。

2. 门面设计心理

现代商场常使用由各种材质制作而成，且与临街门面的宽度相匹配的通栏招牌，底色能很好地衬托出文字。为加强对人们感官的刺激，使用的色彩之间应有一定的反差。有的招牌制作成灯箱，有的招牌制作成立体式的，并在文字的外围或整体招牌的外圈配置霓虹灯，这样的视觉效果最好。霓虹灯可以设计成不同的字体、不同的色彩，还可以配以色差明显的背景色彩，并采用扫描、跳跃等动态模式。

3. 出入口设计心理

出入口是顾客从店门到货架，进出商场的通道，在设计上应以方便顾客出入、形式大方、宽度足够、能吸引顾客的视线为基本考虑点。从出入口开放程度来看，可设计为以下几种类型。

（1）封闭型与顾客心理。店门出入口较小，临街的一面有时用橱窗或有色玻璃遮蔽。这种类型的出入口适用于经营金银首饰、名贵工艺品、艺术陶瓷等高档商品和特殊商品，以及经营西餐、咖啡饮料等。顾客进入这类商场可以因其封闭的出入口产生神秘、幽雅、高贵的感觉。

（2）半开型与顾客心理。出入口占门面的一半左右，出入口两翼临街的一面设置橱窗，陈列各式新颖而形象生动的样品。这种出入口布置适宜于经营时装、化妆品、医药用品、文化用品等某一类或几类大众化商品，顾客可以通过橱窗和店门看清店内的大体布局，比较方便地进出，以浏览和购买商品。

（3）全开型与顾客心理。临街的一面全部开放，出入口尽可能大些，顾客在路过时很容易看清商场内部的商品摆设。这种设计适宜于经营食品、水果、蔬菜等商品，顾客进出商店无任何障碍。此类商场销售的商品是人们直接的生活必需品，面向的顾客面最广，因此出入口设计较为简捷，能满足顾客方便、实用、经济的心理需要。

（4）畅通型与顾客心理。常设有2个以上门店，有的还明确区分和标明出口、入口位置。这种类型的出入口适用于规模宏大、客流量众多、经营品种繁杂的商场，比如百货商店、超级市场、大型商场等，可给人以方便、气派之感，能最大限度地适应人们进出商场的需要。

（五）橱窗与消费心理

一个构思独特、手法新颖、装饰美观的橱窗布置，既可以与整体商场建筑结构和内外环境构成美丽的立体画面，使顾客得到美的享受，又可以起到提供具体商品购买导向的作用。

1．橱窗的心理功能

（1）唤起注意。在现在社会中，新产品不断推向市场，商品的品种越来越多。面对琳琅满目的商品，人们不免眼花缭乱，视野被淹没在商品的海洋中。橱窗既是装饰商场店面的重要手段，也是商场直接向顾客推介商品的不可或缺的广告宣传场所。

（2）引发兴趣。橱窗的最大特点是以商品实物的形态向顾客做商品推介，形象而又生动。人们视觉上的注意会激发成情绪上的兴趣，进而产生想要进一步对商品进行了解的愿望。

（3）激发动机。橱窗展示有着特殊而丰富的表现手法，光线、色彩、造型手段全方位地运用，可以淋漓尽致地将商品的形象、性能、功用加以渲染，让人产生一种无与伦比的美妙感受。注意和兴趣的积累，往往会逐渐形成一种欲望，形成购买的动机。

2．吸引顾客的橱窗设计艺术

（1）突出重点，引起注意。橱窗所要推介的主体是商品，顾客观看橱窗是为了获得商品信息，产生购买动机。因此，橱窗设计一定要精心选择商品，把那些适应季节、功能独特、式样新颖、造型美观、易于流行的新产品或特色商品突出地介绍给人们，引起顾客的注意，刺激顾客的购买欲望。

（2）塑造形象，以美感人。要运用多种艺术手法，较好地衬托商品的外观形象及其品质特征，生动巧妙地加以布置，以满足顾客的审美心理，使顾客在观看中获得美的享受，在美的享受中加深对商品的印象。

（3）进行渲染，启发联想。用借景抒情的艺术手法去体现主题，对陈列商品进行描绘和渲染，构成完美、协调的立体画面，是橱窗设计中经常使用的方法。这能让陈列商品更加耐人寻味，使顾客产生丰富的联想，进而激发购买欲望。

二、内部环境与消费心理

商场内部设计包括商品和货架的陈列、购物场所的音响与温湿度控制、内部照明的光线安排及色彩调用等内容。理想的内部设计应为顾客提供方便的购物条件，对顾客的感官有一定的刺激作用，使人们在购物现场心情愉悦，兴致勃勃，得到最大程度的满意，进而促成购买行为。

内部环境与消费心理

（一）商品陈列心理

商品陈列是指商品在货位、货架、售货柜台内的摆放、排列，即将真实的商品经过艺术处理直接展现在顾客面前。商品陈列的基本要求是接近顾客心理，便于顾客选购，形成购物“时点激励”。

1. 层次清楚，高度适宜

（1）层次清楚。顾客进入商场后，无论是有意识地购买特定商品，还是无计划地进行浏览，大多要对陈列的商品进行环视扫描，以作为所看到的这类商品的属类判断。当发现自己感兴趣的一类商品后，就会停下来仔细寻找、观察和挑选。因此，商品的陈列要有层次感，同类商品应尽可能地陈设在邻近的位置上，以缩短顾客寻找的时间。

（2）高度适宜。商品陈列的高度要比较容易地进入顾客的视线。研究发现，普通身高的顾客无意识展望的高度为0.7～1.7米，上下幅度为1米左右。仰起头来观看陈列过高的商品或蹲下去俯视陈列过低的商品，往往会引起不舒适和不悦，是人们不愿意做的事情。

2. 适应习惯，便于选购

不同种类的商品，人们有不同的购买习惯。为顺应顾客的购买习惯，商品的陈列应体现一定的规律。

（1）低值易耗商品。这类商品是人们日常生活中消耗量大、需求弹性小、价格比较低廉、一般没有明显消费层次的商品，诸如牛奶饮料、糖果、蔬菜瓜果、清洁用品、油盐酱醋等。这些商品使用频繁，同类商品性能接近，选择余地小，人们希望购买方便、交易便利，因此，可以陈列于明显、易于速购的地方，如商店的底层、过道和出入口。

据统计，85%的口香糖和糖果，是在无计划的冲动型购买中购买的。所以在超级市场中，往往把口香糖摆放在付款处附近。

（2）衣着出行用品。这类商品是人们生活中用于穿着打扮或出行使用的物品，常能显示一个人的气质、审美特点和消费层次，如时装、皮鞋、提包、自行车等。这些商品有一定的使用期，款式、价格差异比较大，人们在购买时往往要进行仔细的比较，常要对价格、款式、色彩、质量等进行综合性的思考，才会做出购买决定。这类商品应陈列于商场内空间比较宽敞、光线比较充足的地方，便于顾客接触或接近商品，进行比较和思考，从容地进行决策。

（3）家用贵重商品。这类商品属于人们居家使用的高档生活消费品，体积比较大、使用寿命长，如电视机、电冰箱、空调、组合音响、高档家具等。此类商品的规格、性能、质量差异常常很大，价格昂贵。因其使用周期长，占用空间大，售后服务要求高，人们在购买前必然要花较长的时间进行酝酿，考虑购买的时机、商家和品牌。因此，商场应选择店内比较深入、冷僻、优雅的地方，设立专门的区域，提供咨询服务，以满足顾客慎重决策、求信誉、买放心的心理需求。

3. 清洁整齐，疏密有致

（1）清洁整齐。商品的陈列不仅要讲究层次、部位，也要给人以干净、整洁之感，货物上如果有积灰应随时清除。

（2）疏密有致。要注意商品陈列与货架的疏密得体、错落有致。货架上商品的陈列必须丰满，随时填补货物销售后留出的空间，给人以丰富、充实的感觉，但也不能塞得严严实实，以免使人感觉沉闷、压抑。货架之间的通道应畅通，宽窄要适宜，以给人留下思索的余地、想象的空间。

据有关统计分析，自由市场中2/3的购买决定是在通道里做出的。如果商品陈列合理，可以增加10%的冲动型购物。

4. 磁石点与商品陈列

磁石是指零售卖场中最能吸引顾客注意力的地方，磁石点就是顾客的注意点。零售商要创造出这种吸引力，必须依靠商品的配置技巧来实现。磁石点理论根据商品对顾客吸引力的大小，可将其分为第一磁石、第二磁石、第三磁石、第四磁石和第五磁石。磁石商品的布局位置与类型划分如表7-1所示。

表7-1　磁石商品的布局位置与类型划分

磁石点	卖场位置	配置要点	商品类型
第一磁石	沿主通道两侧分布，是顾客的必经之地，是商品销售的主要位置	由于特殊的位置优势，不必刻意装饰体现即可达到很好的销售效果	主力商品；销售量大的商品；购买频率高的商品；采购能力强的商品
第二磁石	在主通道中穿插	有引导顾客走到卖场各个角落的任务，需要突出照明及陈列装饰	流行商品；引人注意的商品；季节性强的商品
第三磁石	位于陈列货架的两端	是卖场中顾客接触频率最高的位置，盈利机会大，应重点配置，商品摆放三面朝外	特价商品；大众化品种；高利润商品（自有品牌）；厂家促销商品（新品）；时令性商品
第四磁石	卖场中副通道的两侧	重点以单项商品来吸引顾客；需要在陈列方法和促销方式上刻意体现	热销商品；大量陈列商品；广告宣传商品；廉价商品；贴有醒目促销商品标志的商品
第五磁石	位于收银处前方的中间卖场，属于非固定卖场	能够引起一定程度的顾客集中，烘托门店氛围，展销主体需要不断变化	大型展销商品；特卖商品；节日促销商品；非主流商品

（二）购物场所的环境心理

购物环境对人们的购物行为和营业员的工作效率具有极大的影响。好的购物环境可使人感到心情舒畅、悠闲自如，促成购买行为；反之，则会使人产生厌烦、焦虑、抵触情绪，急于离开现场。

1．音响设计心理

广义的音响主要包括三个方面：一是店堂内播放的背景音乐；二是通过广播播出的语音信息；三是一些柜台营业员为顾客演示商品性能，供人试听而发出的各种声音。

（1）背景音乐设计心理。在商场中，适度的背景音乐可以调节顾客情绪，活跃购物气氛，给购物环境增加生机，还可以缓解少数顾客的紧张心理。

调查研究显示，70%的人喜欢在播放音乐的超市内购物，而且在超市里播放柔和与节拍慢的音乐会使销售额增加40%，快节奏的音乐会使消费者在超市里逗留的时间缩短而购买的商品也会减少。

（2）语音信息播放心理。语音信息主要包括商品广告信息，各种提示和寻人启事等，这类信息的音色要比较柔和，使人有亲切、舒适的感觉。由于语音比较容易受到周围噪声的干扰和掩盖，会影响人们对所含信息的接收，因此要求清晰度高，音量略大于背景音乐。

（3）其他声音发送心理。某些柜台营业员为顾客演示商品性能，例如，挑选电视机和组合音响，供人试听时发出的各种声音常难以掌握，假如近处有几人同时挑选不同的商品，这类声音往往此起彼伏，音量过大，形成严重噪声。

噪声强度若超过60分贝，会严重影响人与人之间的交谈；噪声强度若超过80分贝，会使人产生痛苦的感觉。商家应严格控制噪声的高低，尽可能排除音源，降低音量，以创造一个相对宁静的顾客购物环境。

2．微气候与营销心理

微气候是指在商场范围内特有的气候条件，主要包括气温、湿度和空气质量。在商场中，微气候的状况对顾客和营业员的购销情绪有直接影响。

（1）气温与顾客心理。气温是评价营业场所气候条件的主要因素，对人们的影响最为直接。商场的气温受季节和客流量的影响，气温过高或过低都会引起人们的不舒适感，顾客会降低挑选商品、耐心购物的兴趣。

（2）湿度与顾客心理。湿度与季节和地区有着密切关系，夏季的南方气候异常潮湿，冬季的北方气候出奇干燥。如果是在高温季节里，再加上潮湿的空气，会使人更加不舒服，购物情绪将荡然无存。

（3）空气质量与顾客心理。营业场所应安装必要的设施，保持空气的流通，以清新宜人的空气满足顾客的生理需要，使其产生舒适、愉快的心理感受，其实这也是营业员调节情绪、提高服务质量的重要前提条件。

3．商场内部照明心理

营业场所明亮而又柔和的照明，不仅可以缩短顾客选购货物的时间，提高营业员的工作效率，而且对吸引顾客的注意力，形成良好的购物情绪，具有明显的心理作用。商场内部照明可分为自然照明、基本照明和特殊照明3种类型，它们对顾客心理具有不同的功用。

（1）自然照明与顾客心理。自然照明是商场中的自然采光，通过天窗、侧窗接收户外光线来获得。自然光柔和、明亮、使人心情舒畅，是理想的光源。商场设计中应考虑最大限度地利用自然光，增加玻璃顶面、玻璃墙面的面积。但自然光受季节、营业时间和气候的影响，不能满足商场内部照明的需要，因此要有人工制作的其他照明相补充。

（2）基本照明与顾客心理。基本照明通常是以在天花板上安装荧光灯为主的一种照明方式，为整个营业场所而设置。这种照明灯光模拟自然光的光谱频率，光色比较柔和，只是紫光的成分比较多，一般人们也乐于接受。

（3）特殊照明与顾客心理。特殊照明的布置是为了凸显商品的个性，更好地吸引顾客的注意力，激发顾客的购买兴趣。特殊照明多采用聚光灯，实行定向照明，常用于金银首饰、珠宝玉器、手表挂件等贵重、精密而又纤巧的商品，不仅有助于顾客仔细挑选，甄别质地，而且可以显现商品的珠光宝气，给人以高贵、稀有的心理。

4. 营业场所的色彩设计心理

营业场所的色彩对人们的心理会产生特有的影响。

（1）冷暖感。色彩可以使人改变对特定场所温度的感觉。在赤、橙、黄、绿、青、蓝、紫七色光谱中，越是居于前面的色调温暖感越强，越是处于后面的色调寒冷感越明显。赤、橙、黄为暖色调，绿、青、蓝、紫为冷色调。

（2）大小感。明亮度高的色彩具有缩小感。同样尺寸的黑、白两件物品放在一起，可使人感觉白色物品较大，而黑色物品显得相对要小些。

（3）抑扬感。空间小的营业场所一定要使用浅色作为周围环境颜色，这样可使人感觉场所并不小。暖色调中的红、橙等颜色具有兴奋作用，能使人兴奋，行动活跃，但也会使人神经紧张，引起不安。在红色调的照明下，可使人们的动作反应加快，但效率则不会高。冷色调中的青色、蓝色能使人精神受到抑制，产生镇静、肃穆的感觉。

（4）象征感。不同的色彩还能引起人们不同的联想，具有某种象征感。

5. 适于顾客心理的营业场所色彩设计艺术

企业应从顾客心理出发，确定营业场所色彩的设计。

（1）因“地”制宜，扩充视野。要根据商场的不同空间，采用恰当的色彩，扩充顾客的视野。在一般的购物场所，顾客总是希望空间比较宽敞。即使是营业面积比较大的商场，如果层高接近于中小型商场的高度，也会令人感觉太低，产生压抑感。所以，一般商场宜采用亮度比较高的浅淡的冷色调作为基本色彩，而在咖啡厅、茶室等一些营业场所，色调暗些可使人产生接近感。

（2）因“时”制宜，调节感受。在不同的季节与不同气候的情况下，人们对色彩的感受也有差异，商场可据此来改变色彩，调节人们的感受。

（3）因“物”制宜，相得益彰。根据商场主营商品的不同特点来配色，可以突出主营商品的形象，给人以更加美观的印象，刺激顾客的购买欲望。如服装和卧室用品销售场所，用淡黄色加以装饰，会使面料的色彩显得更加鲜艳有生气。

（三）POP广告设计心理

POP是英语point of purchase的缩写。POP广告是指店面广告。这种广告的主要功能是强调购买时间与地点。POP作为购物“时点激励”的重要形式，对于激发顾客的瞬间购买欲望、形成购物冲动具有重要作用。POP广告分为2种：一种是商场外部的大型广告牌、广告气球、广告标语、广告灯箱和霓虹灯广告等；另一种是商场内部的各楼层商品分布指南、为某种商品设置的悬挂广告、柜台上放置的广告印刷品等。

1．POP广告的心理功能

（1）唤起记忆。POP广告有助于唤起顾客潜意识中对于某种商品的认知记忆。顾客在其他场合，例如，在广播电视广告中、报刊中已经听到或看到过某种商品的介绍，过后可能已经淡忘。POP广告在购物现场的出现，可使顾客感到似曾相识，促成回忆脑海中曾有过的印象，让顾客仿佛见到了老朋友，拉近了与广告商品之间的距离。

（2）提供导向。顾客在大型、多层商场中要寻找某类商品的楼层和位置，如果无指引标志，要花费一定的时间。POP广告可以为顾客迅速找到所需商品的位置提供方便。同时，POP广告通过在现场向顾客提供商品信息，也在无形中为顾客做了导购，起到推销员的作用。

（3）制造气氛。富有艺术性的POP广告能使原本相对单调的购物场所的空间变得丰富多彩、光彩夺目，因而成为商场吸引顾客的一个重要手段。

2．激励顾客心理的POP广告制作艺术

（1）设计精良，统一协调。POP广告的设计反映了商家的信誉和实力，因而一定要由专业人员精心设计。一家商场是一个整体，商场管理者要对影响观瞻的POP广告实物进行统一设计，使整体风格保持协调，满足顾客的审美心理要求。

（2）设置规范，整齐有序。POP广告的设置也会对其效果产生重要影响。设置的基本要求是疏密有致、规范有序、整齐美观，给人以整体和局部构图上的平衡感。

（3）保持完好，防止污损。POP广告使用日久，必然会发生污损等问题，加强日常管理，始终保持其整洁完好是十分重要的。要及时清理破旧过时或卷边的招贴，调整损坏的灯管，修复损毁的灯箱等物品。因为残缺的霓虹灯、倒塌的广告牌、满是污迹的招贴标语会使顾客联想到商场的败落。

三、网络营销与消费心理

（一）网络营销的含义及特点

网络营销是一种以国际互联网为媒体，用文字化的信息和互联网的交互性来辅助营销目标实现的市场营销方式。网络营销相对于传统的市场营销，在许多方面存在明显的优势，特别是满足了部分消费者的心理需求，带来了一场营销观念的革命。更重要的是，它对企业改善销售环境、提高

网络营销与消费心理

产品竞争力和市场占有率具有非常现实的意义。网络营销具有以下特点。

（1）跨时空。营销的最终目的是占有市场份额。互联网具有的超越时间约束和空间限制进行信息交换的特点，使得脱离时空限制达成交易成为可能，企业能有更多的时间和更多的空间进行营销，可随时随地提供全球的营销服务。

（2）多媒体。互联网被设计成可以传输多种媒体信息，如文字、声音、图像等，使得为达成交易而进行的信息交换可以以多种形式进行，可以充分发挥营销人员的创造性和能动性。

（3）交互式。互联网可以展示商品目录，连接资料库，提供有关商品信息的查询；可以和顾客进行双向沟通；可以搜集市场情报；可以进行产品测试与消费者满意调查等，是产品、设计、商品信息提供以及服务的最佳工具。

（4）拟人化。互联网促销是一对一的、理性的、由消费者主导的、非强迫性的、循序渐进式的，而且是一种低成本与人性化的促销，避免推销员强势推销的干扰，并通过信息提供与交互式交谈，与消费者建立长期良好的关系。

（5）成长性。互联网使用数量快速增长且使用者遍布全球，使用者多半年轻，属于中产阶级，具有较高教育水平。由于这部分群体购买力强且具有很强的市场影响力，因此是一个极具开发潜力的市场。

（6）整合性。互联网上的营销可由展示商品信息至收款、售后服务一气呵成，因此也是一种全程的营销渠道。另外，企业可以借助互联网将不同的营销活动进行统一规划和协调实施，以统一的传播口径向消费者传达信息，避免不同的传播渠道中的不一致性产生的消极影响。

（7）超前性。互联网兼有渠道、促销、电子交易、互动顾客服务以及市场信息分析与提供等多种强大功能。它所具备的一对一营销能力，恰好符合定制营销与直复营销的未来趋势。

（8）高效性。计算机可存储大量的信息供消费者查询，可传送的信息数量与精确度远远超过其他媒体，并能顺应市场需要，及时更新产品或调整价格，因此能及时、有效地了解并满足顾客的需求。

（9）经济性。通过互联网进行信息交换，以此代替以前的实物交换，一方面可以减少印刷与邮递的成本，可以无店销售，免交租金，节约水电与人工成本；另一方面可以减少因多次交换带来的损耗。

（10）技术性。网络营销是建立在以高技术作为支撑的互联网的基础上，企业实施网络营销必须有一定的技术投入和技术支持，以此改变传统的组织形态，提升信息管理部分的功能。因此，需要引进懂营销与计算机技术的复合型人才，方能在未来具备市场竞争优势。

（二）网络消费者的类型

1．简单型消费者

这类消费者每月只花7小时左右的时间上网，但他们进行网上交易的时间却占了上网时间的一半。零售商们必须为这一类型的人提供真正的便利，让他们觉得在你的网站上购买商品将会节约更多的时间。要满足这类人的需求，首先要保证订货、付款系统的安全、方便，最好设有购买建议的界面。另外，提供一个易于搜索的产品数据库是保持消费者忠诚的重要手段。

2. 冲浪型消费者

这类消费者占常用网民数量的8%，他们在网上花费的时间却占了32%，并且他们访问的网页是其他网民的4倍。冲浪型网民对常更新、具有创新设计特征的网站很感兴趣。

3. 接入型消费者

这类消费者通常是刚触网的新手，占常用网民数量的36%。他们很少购物，但喜欢网上聊天和发送免费问候卡。那些有着著名传统品牌的公司应对这群人保持足够的重视，因为网络新手们更愿意相信生活中他们所熟悉的品牌。另外，这些消费者的上网经验不是很丰富，一般对于网页中的简介、常见问题的解答、名词解释、站点结构之类的链接会更加感兴趣。

4. 议价型消费者

这类消费者有一种趋向购买便宜商品的本能，eBay网站一半以上的消费者属于这一类型，他们喜欢讨价还价，并有强烈的愿望在交易中获胜。在自己的网站上打出“大减价”“清仓处理”“限时抢购”之类的字眼能够很容易地吸引到这类消费者。

5. 定期型消费者

这类消费者通常都是被网站的内容吸引，通常访问新闻和商务网站。

6. 运动型消费者

这类消费者喜欢运动和娱乐网站。对于这一类型的消费者，网站必须保证自己的站点包含他们所需要的和感兴趣的信息，否则他们会很快跳过这个网站进而转入下一个网站中。

（三）网络消费者的心理特征

1. 消费更主动

消费者的需求是积极主动的，一般是带着目的性来进行网购的。由于网络商品信息获取的方便性，促使网络消费者通过各种途径获取商品相关信息，并且进行分析比较。或许这种分析比较不是很充分和合理，但网络消费者能从中得到心理的平衡，以减轻风险感或减少购买后产生的后悔感，增加对产品的信任程度和心理上的满足感。

2. 注重自我，追求个性

很长一段时期，工业化和标准化的生产方式以大量低成本、单一化的产品淹没了消费者的个性化需求。另外，在短缺经济或近乎垄断的市场中，可供消费者选择的商品很少。

在市场经济条件下，可选择的同类商品很多，而网络技术的发展为消费者提供了更多的选择。有的网络消费者不满足现有的商品，希望能根据自己的需求定做自己的个性商品，网络也为其需求的实现提供了便利性。

3. 头脑冷静，理性消费

由于电子商务的特殊环境，消费者只需要面对计算机屏幕，没有外界的嘈杂和各种环境的诱惑，也可以在网络上收集大量的消费信息，商品的选择范围也没有地域限制，网络消费者可以理性地进行选择和消费。同时，因为网络消费者是以大城市、高学历的年轻人为主，他们不会轻易受舆论左右，对各种产品的宣传有较强的分析判断能力。

4. 追求购物过程的便捷和乐趣

信息社会的高效，现代生活的快节奏，为人们网络购物提供便利。网络购物只要轻点鼠标就能完成交易，还能享受送货上门的服务，节省了时间。同时，网络消费者在购买商品的同时还能得到许多信息，并得到传统的商店购物所没有的乐趣。

5. 关注价格

低价对许多人来说有很大的吸引力，从近年团购网站的火爆，以及节假日商城活动打折时排队等待购买的人群就看得出来。虽然网络营销策划者总是通过各种营销手段来减弱消费者对价格的敏感度，但价格依旧对消费者心理有着重要影响。当价格降幅超过了消费者的心理预期，消费者难免改变当初的购物原则。

6. 品牌忠实度低

因为网络充斥着太多的信息，竞争对手的促销和广告随时都在迷惑着网络消费者；也因为网络消费者之间可以实行良好的互动，所以很容易受到别人的影响。同时，因为这些消费者以年轻人为主，如果搜索信息时链接、传输的速度比较慢的话，他们可能会离开这个站点。

（四）基于网络消费心理的营销策略

1. 选择适合网络销售的产品

首先，不是所有的产品都适合在网络销售和开展网络营销活动的。根据网络消费者的特征，网络销售的产品一般要考虑产品的新颖性，即产品是新产品或者是时尚类产品，比较能引起人们的注意。追求商品的时尚和新颖是许多消费者，特别是青年消费者重要的购买动机。其次，考虑产品的购买参与程度。一些产品要求消费者的参与程度比较高，消费者一般需要现场购物体验，而且需要很多人提供参考意见，这些产品不太适合网络销售。对于消费者需要购买体验的产品，可以采用网络营销推广功能，辅助传统营销活动进行营销，或者将网络营销与传统营销进行整合，可以通过网络宣传和展示产品，消费者在充分了解产品的性能后，再到相关商场进行选购。

2. 互动营销，优化消费者的购物体验

网络将企业和消费者结合在一起，给企业提供了一种全新的销售方式。企业和销售商可以直接开设网上商店，为个体网络消费者提供在线销售和在线拍卖的销售方式；针对团体网络消费者，可以提供相应打包团购的销售方式，这样可以满足不同消费群体的购买需求，使消费者乐于购物。同时，为了满足消费者自主、独立的购物心理，网络营销要注重互动式营销，至少要做到以下2点。

（1）要对消费者的信息即时反馈，如果在几分钟内得不到答复，商家可能就会失去这个客户。

（2）在消费者阅读了在线信息后，企业必须及时提供反馈信息的方式，以便与之建立联系。

3. 一对一沟通，提供个性化服务和定制化商品

现代消费者崇尚个性化消费，企业开展网络营销时，要充分发挥网络的优势，根据消费者的不同特征划分不同的目标市场，满足消费者的个性需求，提供定制化服务。定制化战略作为企业的一种经营体制，特别需要有效地把握定制选择、生产制造、产品递送、信息传递与沟通等多个环节的协调运转，以保证定制化战略的成功实现。

4. 重视网店建设

首先，网络商店的外部形象设计要满足网络消费者寻新求异的心理，是吸引网络消费者登录浏览商店、产生和形成购买行为的基础。其次，由于网络商店所经营的多数商品，网络消费者只能通过视觉或听觉来感知它们的相关信息，所以产品的特点介绍越详细、产品展示图片越清晰，网络消费者的兴趣才有可能越高。最后，要注意简化流程操作，不能去考验用户的耐心，而应该尽量让用户心情愉悦地进行每一步操作，并快速得到他想要的结果。

5. 建立安全的交易环境

网络购买另外一个必须考虑的因素是购买的安全性和可靠性问题。网络购物一般需要消费者先付款，然后商家发货，消费者等待收货，这使过去购物的一手交钱一手交货的现场购买方式发生了变化，网络购物中的时空发生了分离，消费者有对钱物失去控制的失落感。因此，为降低网络购物的这种失落感，在网络购物各个环节必须加强安全措施和控制措施，保护消费者购物过程的信息传输安全和个人隐私保护，以及树立消费者对网站的信心。

6. 完善配送体系和售后服务

进行网络营销，就要保证商品在最短的时间内，由最近的分销网点送到消费者手中，因此企业必须建立现代化的物流配送体系。此外，售后服务的完善对改善顾客关系也起着举足轻重的作用。网络营销中的售后服务主要体现在货物配给、物流派送、退换货处理等方面。提供良好的售后服务，可以从一定程度上消除顾客的购买顾虑，促进销售。

自学自测

一、单选题

1（　　）业态的营销场景更加重视为顾客提供方便快捷的购物环境。

A. 百货商店　　B. 连锁商店

C. 超级市场　　D. 专卖店

2 顾客进入商场的出入口会产生神秘、幽雅、高贵的感觉。这类商场出入口一般会设计为（　　）。

A．封闭型　　B．半开型

C．全开型　　D．畅通型

3 商场橱窗设计给消费者传递无与伦比的感觉，此举所基于的消费者心理功能为（　　）。

A．唤起注意　　B．引发兴趣

C．激发动机　　D．便于记忆

4 POP广告（店面广告）心理功能中的（　　）功能，可以为顾客迅速找到所需商品的位置提供方便。

A．唤起记忆　　B．提供导向

C．激发动机　　D．制造气氛

5 自选商场店面设计大多采取的方式是（　　）。

A．大招牌、大店门、大橱窗

B．大招牌、小店门、大橱窗

C．小招牌、大店门、大橱窗

D．小招牌、小店门、大橱窗

二、多选题

1 商场招牌的心理功能有（　　）。

A．触发感知　　B．引起兴趣　　C．象征信誉

D．便于记忆　　E．增强品牌认知

2 商场内部设计包含的内容有（　　）。

A．商品陈列　　B．招牌设计　　C．灯光设计

D．温度控制　　E．空间布局

3 营业场所的色彩对人们的心理会产生（　　）的影响。

A．冷暖感　　B．大小感　　C．抑扬感

D．象征感　　E．舒适感

4 网络营销的特点有（　　）。

A．跨时空　　B．多媒体　　C．交互式

D．拟人性　　E．个性化

5 在商店选址中，应注意的根本原则有（　　）。

A．吸引顾客　　B．满足顾客需求　　C．兴建商业街

D．扩大商品销售量　　E．交通便利

6 商场常见的货位形式有（　　）。

A．线条式　　B．曲线式　　C．陈列式

D．岛屿式　　E．自选式

7 按照层次划分，一般可以把商圈分为（　　）。

A. 总体商圈　　B. 核心商圈　　C. 次级商圈

D. 边缘商圈　　E. 附属商圈

8 （　　）适合在第一磁石点陈列。

A. 销售量大、购买频率高的商品　　B. 特卖品

C. 采购能力强的商品　　D. 主力商品　　E. 新上市商品

三、判断题

1 业种指卖什么，业态指怎么卖。（　　）

2 家用电器由于占用空间较大，应陈列在超市的主干道上。（　　）

3 某商家招揽顾客，在商店门口反复高音量播放广告，此举符合语音接收心理。（　　）

4 网络营销系统巨大的信息处理能力，使消费者的购买行为更加理性化。（　　）

5 现代消费者崇尚个性化消费。（　　）

四、简答题

1 连锁商店满足顾客需要的心理优势有哪些？

2 列举典型的橱窗设计例子，阐述其设计的心理功能。

3 阐释商场中，适度的背景音乐对消费者心理所造成的影响。

4 阐述在网络营销的支付安全问题上，消费者关注的重点有哪些。

5 以超市为例，分析其购物场所的环境有哪些心理特征。

6 举例说明连锁店满足顾客购物的心理条件。

课中实训

实训一　调研分析外部环境心理效应

任务1　调研商场类型、选址与消费心理效应

任务描述　以小组为单位，以4个商场类型（百货公司、超级市场、连锁商店、专业化商店）为调研对象，每个组员选择1个商场类型并从中选择3家具体商店，通过图书馆电子期刊数据库、互联网搜集相关资料，研究商场选址心理与消费策略。请将研究成果做成展示PPT，并将要点记录在表7–2中。

表7-2　商场类型、选址与消费心理效应调研

调研项目		调研结果	心理效应分析
商场类型	商店名称		
百货公司			
超级市场			
连锁商店			
专业化商店			

任务2　调研招牌心理效应

任务描述　以小组为单位，每个组员至少调研5家商店的招牌，通过图书馆电子期刊数据库、互联网搜集相关资料，研究招牌设计心理策略。请将研究成果做成展示PPT，并将要点记录在表7–3中。

表7-3　招牌心理效应调研

调研项目	调研结果	心理效应分析
招牌1名称及设计		
招牌2名称及设计		
招牌3名称及设计		
招牌4名称及设计		
招牌5名称及设计		

任务3　调研橱窗设计心理效应

任务描述　以小组为单位，每个组员至少调研5家商店橱窗，指出其亮点、不足之处，结合所学知识为其设计优化策略。请将研究成果做成展示PPT，并将要点记录在表7–4中。

表7-4　橱窗设计调研

调研项目	亮点	不足	优化设计策略
橱窗1			
橱窗2			
橱窗3			
橱窗4			
橱窗5			

实训二　调研分析内部环境心理效应

任务1　调研商品陈列心理效应

任务描述　以小组为单位，每个组员至少调研学校内或周边5家商店内的商品陈列，指出其亮点、不足之处，结合所学知识为其设计优化策略。请将研究成果做成展示PPT，并将要点记录在表7–5中。

表7-5　商品陈列调研

调研项目	亮点	不足	优化设计策略
商店1			
商店2			
商店3			
商店4			
商店5			

任务2　调研购物场所环境心理效应

任务描述　以小组为单位，以4个商场类型（百货公司、超级市场、连锁商店、专业化商店）为调研对象，每个组员选择1个商场类型并从中至少选择1家具体商店，调研其购物场所环境特征。通过图书馆电子期刊数据库、互联网搜集相关资料，研究购物场所环境与消费心理效应。请将研究成果做成展示PPT，并将要点记录在表7–6中。

表7-6　购物场所环境调研

调研项目	调研结果	心理效应分析
商场类型		
商店名称		
音响		
微气候		
照明		
色彩		
POP广告		

实训三　调研分析网络营销心理效应

任务1　调研网络营销心理效应

任务描述　以小组为单位，每个组员至少调研5种网络营销活动，调研网络消费心理特征。通过图书馆电子期刊数据库、互联网搜集相关资料，研究网络营销心理策略。请将研究成果做成展示PPT，并将要点记录在表7–7中。

表7-7　网络营销活动调研

调研项目	网络营销活动描述	网络消费心理特征
网络营销活动1		
网络营销活动2		
网络营销活动3		
网络营销活动4		
网络营销活动5		

任务2　设计网络营销策略

任务描述　每个组员选择1种网络营销商品，根据消费者网络消费心理特征设计网络营销策略。通过图书馆电子期刊数据库、互联网搜集相关资料，研究网络营销心理策略。请将研究成果做成展示PPT，并将要点记录在表7–8中。

表7-8 设计网络营销策略

调研项目	产品名称	设计网络营销策略
策略1		
策略2		
策略3		
策略4		
策略5		

思政园地

“弹窗”广告不能想弹就弹

“弹窗”广告指的是应用程序或者互联网网站所携带的一种广告，通过弹出的方式来强迫用户观看。网络用户在浏览网页时，经常会遇到“弹窗”广告，“弹窗”广告为了盈利而忽略了用户的感受，如今还有愈演愈烈的趋势。目前，弹窗广告的质量参差不齐，很多是利用“擦边球”的方式来进行宣传。

虽然《中华人民共和国广告法》规定，在互联网页面以弹出等形式发布的广告，应当显著标明关闭标志，确保一键关闭，但是有的“弹窗”广告的关闭按钮非常小，如果点错就会打开更多的广告；有的“弹窗”广告虽然能够关闭，却经常在几秒后还会再次弹出。

《人民日报》对于“弹窗”广告提出了严厉的批评，指出“弹窗”广告“关闭按钮不明显，越关越多”，并就用户对“弹窗”广告的观感进行了微博投票，结果显示超过90%的受访者表示反感“弹窗”广告。

令人反感的“弹窗”广告会引起消费者的抵触情绪，在这种负面沟通情景下，不但影响消费者的上网体验，也不能起到推广营销的目的。

数字营销

AR技术在营销场景中的应用

数字化科技营销手段正在变得越来越普及，广告主们也在不断选择更好的广告销售解决方案，达到更好的营销效果。增强现实（augmented reality，AR）技术的普及，为广告业注入了新的活力，AR技术以全新的形式加入激烈的广告竞争之中。

1. AR试穿试戴

零成本高效率地体验商品，这是很多商家所期望，消费者也愿意尝试的体验。项目利用AR技术试穿试戴，对商品进行虚拟体验，如AR试装，能让消费者有不一样的购物体验。

2. AR活动营销

企业利用AR技术，结合线上线下的销售互动布局，营造新鲜感和话题感，进行广泛传播。AR活动营销符合当下的互联网思维，适合年轻人，可以为构建新形态消费提供有力支持。

3. AR场景营销

在超市、商场、景区、展馆、博物馆、汽车展厅等场景，根据AR内容定制，实现360度立体场景展示，结合实景和虚拟人物故事的场景互动或者场景还原，可以体验虚实结合的美妙。

课后拓展

实践训练

训练项目 营销场景调查

实训目标

1 在实践中进一步掌握营销场景和顾客心理知识。

2 学会灯光、色彩、橱窗布局等基本心理方法的运用。

内容与要求

1 寻找学校内或学校附近的一家商店，可以是餐饮类商店（如餐厅），也可以是文化用品类商店（如书店）。

2 试对其选址、招牌、门面和橱窗等外观设计，商品类型与档次定位等内部设计中的某一方面，运用营销场景和顾客心理的知识进行深入分析。

3 如果有可能，尝试参与新开店铺的设计过程，或者参与老店铺的调整计划的制订与实施。

成果与检测

1 写出专题分析报告，帮助商店总结经验教训，提出改进建议。

2 对上述报告作批改评述。

营销策略

某超市购物情境设计与营销策略制定训练

情境设计

以实训小组为单位，进行适当角色分工后，在学校附近选择一家大型超市，对该超市的店址位置、店面布置、店堂气氛等物质情境进行调研和分析，提出设计思路。对该超市消费者购物的社会情境、时间情境及先行状态等进行有效分析，并在此基础上提出相应的营销策略，撰写《某超市购物情境设计与营销策略制定报告》。

技能考核

专业能力训练领域、技能点及参照标准见表7–9。

表7-9　技能考核参照标准

能力领域	技能点	名称	参照标准
基于消费者购买决策的营销策略制定	技能1	物质情境设计	1. 能合理选择店址位置 2. 能合理进行店面布置 3. 能合理设计店堂气氛
	技能2	社会情境分析与营销策略制定	1. 能对超市消费者购物的社会情境进行有效分析 2. 能提出相应的营销策略
	技能3	时间情境分析与营销策略制定	1. 能对超市消费者购物的时间情境进行有效分析 2. 能提出相应的营销策略
	技能4	任务情境分析与营销策略制定	1. 能对超市消费者购物的任务情境进行有效分析 2. 能提出相应的营销策略
	技能5	先行状态情境分析与营销策略制定	1. 能对该超市消费者购物的先行状态进行有效分析 2. 能提出相应的营销策略

第八章
营销服务与消费心理

动画：峰终定律

学习目标

知识目标

1. 了解服务的内涵、特征、构成要素及销售服务的内涵、原则。
2. 理解售前、售中、售后服务中消费者的心理反应。
3. 掌握营销服务冲突的处理技巧。

能力目标

1. 能根据售前、售中、售后服务中消费者的心理反应制定营销策略。
2. 能针对不同的销售情境中发生的营销冲突来采取恰当的措施处理冲突。

素质目标

1. 树立服务意识，养成耐心细致的工作态度。
2. 树立客户第一的意识，能够创造和谐的营销环境。

思维导图

第八章 营销服务与消费心理

- 课前自学
  - 营销服务概述
    - 服务的内涵、服务的特征、服务的构成要素、营销服务的内涵、营销服务的原则、服务营销
  - 服务过程与消费心理
    - 售前服务与消费心理、售中服务与消费心理、售后服务与消费心理
  - 营销服务冲突处理
    - 营销服务冲突产生的原因分析、营销服务冲突的类型、避免与消除冲突的方法、消费者抱怨与投诉的解决方法与技巧
- 课中实训
  - 实训一 调研服务过程与消费心理
    - □ 任务1 调研广告宣传心理效应
    - □ 任务2 调研柜台布置心理效应
    - □ 任务3 调研咨询服务心理效应
    - □ 任务4 调研商品推介与演示心理效应
    - □ 任务5 调研排解顾客疑虑心理诉求
    - □ 任务6 调研售后服务活动心理效应
  - 实训二 调研营销服务冲突处理心理诉求
    - □ 任务1 调研处理退换货的心理诉求
    - □ 任务2 调研处理顾客投诉的心理诉求
    - □ 任务3 调研避免和消除冲突的心理诉求
- 课后拓展
  - 实践训练
  - 营销策略
  - 技能考核

课前自学

一、营销服务概述

（一）服务的内涵

国际标准化组织（ISO）曾于1994年将服务定义为："为满足顾客的需要，供方和顾客之间接触的活动以及供方内部活动所产生的结果。"

营销学家科特勒所下的定义是："服务是一方能够向另一方提供的以无形性和不导致任何所有权转移为基本特征的行动或表现。它的生产既可能与某种有形产品相关联，也可能与之毫无关系。"

营销服务概述

服务的范围是很广泛的，服务是供方（企业、机构）向顾客提供的能满足顾客各种需求的行为或活动。它可以分为两大类：一类是伴随着有形商品销售而向顾客提供的附属服务，例如，向顾客提供商品信息咨询，帮助顾客挑选商品、包装、运输、安装调试、保养、维修等；另一类是向顾客提供纯粹服务性质的产品，即服务产品。根据它们在产业经济中的地位，通常被称为第三产业，其范围、种类十分庞大。

（二）服务的特征

（1）无形性。服务与有形产品不同，在被顾客购买之前是看不见、摸不着、听不到、嗅不出的，它具有无形性的特征，然而在服务发生的过程中常会与有形商品相结合。

（2）不可分离性。通常，服务的产生和消费是同时进行的，两者很难区分开来。

（3）差异性。它也称可变性，指服务水平与质量常常会因服务提供者、时间、地点、水平、能力等因素的差异而不同。

（4）不可储存性。服务一旦实施，通常便无法储存或退换。

（5）缺乏所有权性。服务在顾客消费过程中，不涉及所有权的转移，服务实施完毕后，无形服务也不存在了。顾客虽体验与感受过服务，但并不拥有服务。

（三）服务的构成要素

（1）服务的主体。服务的主体是指向顾客提供服务并承担相应责任的企业或机构，他们是服务的供应者。

（2）客体。客体指服务的接受者，即购买服务产品或与有形产品相结合的附属服务的顾客。他们是主体服务的对象。

（3）服务实施者。他们是代表服务的供应者对服务的对象，即实施服务的人员。他们是具体执行服务的人，也是直接与顾客接触的人。他们的业务水平、工作态度、服务行为对顾客是否满意构成直接的影响，因此，服务实施者在销售服务和具体服务中具有举足轻重的作用。

（4）服务设施与条件。这是指服务主体和服务实施者在服务场所必须提供给顾客的必要设备、设施，工具、用品等物质条件。

（5）服务的管理。它是指服务主体在对顾客实施服务过程中的计划、组织、指挥、协调、控制等一系列管理工作，其目的是使企业的服务质量、服务水平达到理想的要求。

（四）营销服务的内涵

营销服务是指有形商品或无形商品在销售过程中，企业为使顾客能安全、正确、妥善地使用产品或消费服务产品而实施的各类服务工作。

营销服务是一项复杂性、综合性很强，涉及面很广的工作。通常，顾客对营销服务的要求主要有以下几个方面。

（1）营业人员熟悉业务，了解所经营商品的特点、性能、用途，针对不同使用者能正确解答顾客所提的有关问题。

（2）销售服务人员态度热情，言语得体，作风细致踏实，能给顾客良好的情感与心理感受。

（3）企业向顾客提供的销售服务应形成一个完整的体系，力求全面、及时、周到。尽可能做到顾客想到的企业已做到，顾客没有想到的企业也能想到、做到。

（4）营销服务应做到快速、便利、舒适、安全、可靠，少收费、低收费，有条件的话，某些服务可以免费。

（5）营销服务应适应市场需求不断变化的要求，能开设新的服务项目与服务内容，不断提高顾客的满意程度，增强企业服务竞争的能力。

（五）营销服务的原则

（1）满足顾客需求的原则。

（2）坚持服务公开、公平的原则。

（3）接待顾客热情、细致、周到的原则。

（4）加强与顾客沟通，与顾客建立互动关系的原则。

（六）服务营销

服务营销是指运用现代市场营销的有关新观念、新理论来指导企业开展服务产品或与有形产品相结合的附属服务的营销工作，力求使顾客获得满意的服务。

二、服务过程与消费心理

（一）售前服务与消费心理

服务过程与消费心理

1．售前服务的含义

售前服务是指产品从生产领域进入流通领域，但还未与消费者见面之前提供的各种服务，主要包括货源组织、商品运输、储存保管、再加工、广告宣传、拆零分装、柜台布置、橱窗设计、商品陈列、咨询、培训等服务工作。

2．售前消费者心理分析

现实生活中，由于消费者自身条件的差别，他们在购买前的心理反应也不同，但具体来说，消费者购买前的心理特征集中表现在以下几个方面。

（1）多样性。不同的消费者购买同一种商品，由于个人的经济条件、生活习惯、性格爱好、性别年龄、文化水平、民族宗教等差异，表现出来的消费心理也不同。例如，经济条件优越者追求名牌档次；收入水平低的，则考虑物美价廉；年轻人喜欢追求新奇、时尚，等等。

（2）时尚性。消费者总有一种追求时髦和新颖的心理，称为时尚性。这种心理在不同的价值观的国家和民族有不同的体现，不同收入和年龄的消费者表现的情形也不同。这种时尚性主要体现在对商品的外观、外形、包装等的需求上。

（3）可诱导性。消费者的需求心理和购买行为与客观现实的刺激有着很大的关联。生活和工作环境的变化、人与人之间的差异、文化教育素养的提高、大众媒介的传播、广告促销的诱导都会促使消费者的心理产生变化。

3．售前服务心理策略

（1）帮助顾客树立新的消费观念，不断引导顾客学习新的知识和技术，正确选购和使用商品。

（2）利用广告宣传与咨询服务等手段，增强顾客的注意力，在宣传商品时利用广告促进吸引，并通过店堂布置、商品陈列、美化环境等使顾客得到艺术上的享受。

（3）消除顾客戒备心理，增强其对商品和商家的信任感，这要求企业在售前进行商品质量检查，确保售出的商品质量能最大限度满足顾客的相关需求。

在竞争日益激烈的市场上，企业应把售前服务看作企业成败的关键，看作企业商品得以畅销的重要一环，这就要求企业要采用独特新颖和与众不同的形式来吸引顾客的注意，并引导其完成购买活动。

（二）售中服务与消费心理

1．售中服务的含义

售中服务是指在商品销售成交过程中，直接或间接地为消费者提供的各种服务工作。例如，热情地为消费者介绍、展示产品，详细说明产品使用方法，耐心帮助消费者挑选商品，解答消费者提出的问题，付货与结算等，其核心是为消费者提供方便条件和实在的物质服务，让消费者体会到购买商品的愉悦。

2．售中消费者心理分析

消费者在接受服务中存在以下的期望需要被满足。

（1）希望获得详尽的商品信息。消费者在采取购买行动之前，总是希望营销人员能对消费者所选购的商品提供尽可能详细的信息，使自己了解商品，解决选购的疑惑与困难。一般情况下，越是技术复杂、价格高的产品，消费者需要了解的产品知识就越多。

（2）希望寻求决策帮助。当消费者选购商品时，营销人员是他们进行决策的重要咨询者和参与者。当消费者拿不定主意时，往往希望得到营销人员的帮助。

（3）希望受到热情的接待与尊敬。消费者对售中服务的社会心理需要，主要是能在选购过程中受到营销人员的热情接待，受人尊敬的需要能得到满足。

（4）追求及时、方便、快捷。消费者对售中服务所期望的一个重要方面是追求购买的方便、快捷。

3．售中服务心理策略

（1）准确地提供顾客所需信息，满足顾客对有关信息的需要。企业与营业员要做好以下工作：一要摸清顾客所需信息，并对这些信息进行收集与整理，熟练掌握；二要多渠道地向顾客提供信息，包括各种广告宣传，商品陈列与展示，特别是营业员的现场介绍，实物推介与演示，包括顾客用后信息反馈；三要以诚恳的态度向顾客提供真实的信息，并使顾客确信提供信息的真实可靠。

（2）细心观察顾客的购买心理，适时提供咨询建议。一要通过对顾客的外表服饰与言行举止，观察判断顾客的职业、阶层、个性特点、购买类型；二要观察与分析顾客购买的目标、期望与偏好，对所选商品的满意程度，特别是尚存的疑虑；三要在适宜的时期采取适宜的方式，要真诚、耐心提供咨询，强化顾客的满意度，排除其疑虑，提出适宜的决策建议，但绝不可操之过急，令其产生“强卖”之感，而应站在顾客的角度，帮顾客分析与谋取顾客利益最大化。

（3）热情周到地为顾客服务，充分体现对顾客的尊重。一是营业员要树立顾客至上的理念，真心实意地把顾客当作惠顾本店之客；二是在顾客购买的过程中，要通过热情周到的服务，使顾客满意；三是要特别注意在与顾客交往过程中的言行举止，文明礼貌，以表达对顾客的尊重之意，使顾客在购买商品的过程中获得高度的受人尊敬的满足感。

（4）为顾客提供方便快捷的服务，满足顾客的便捷需要。一是营业员要把为顾客着想作为出发点，把方便顾客购买、节省顾客的购买时间看作提高商品品质的重要因素，急顾客之所急；二是提高营业员自身业务技术素质，为便捷服务提供技术支持；三是改革与健全服务规范方法与程序体系，实现高效、便捷服务的规范化与制度化，确保顾客满意。

（三）售后服务与消费心理

1．售后服务的含义

售后服务是指生产企业或零售企业在商品已经到达消费者手中、进入消费领域后，继续为消费者提供的各项服务。售后服务作为一种服务方式，内容极为广泛，包括咨询服务、实行“三包”、免费送货、免费安装、维修及培训操作人员等。

2．售后消费者心理分析

消费者在购买以后的心理活动，主要表现为退换商品、反映商品的质量、询问使用方法、要求对商品进行维修、保修服务以及其他服务承诺兑现等过程中的心理感受，细化为以下几个方面。

（1）求助心理。消费者在要求送货安装、维修商品、询问使用方法和要求退换商品的时候，多会表现出请求商家给予帮助的心理状态。

（2）评价心理。消费者在购买商品以后，会不自觉地进行关于购买商品的评价，即对所购商品是否满意进行评估，进而获得满意或后悔等心理体验。

（3）试探心理。由于主观和客观的多种因素，消费者可能在购买的初期对所购商品的评价不知道是否合适，甚至有些消费者希望更换商品。但是他们来到商店提出要求退换商品的问题时，往往具有试探的心理状态，以便进一步做出决断。

（4）退换心理。当消费者购买的商品被消费者确定为购买失误或因产品质量出现问题时，消费者就会产生要求退换商品或进行商品维修的心理状态。

3．售后服务心理策略

针对消费者的售后服务心理，企业可采取以下策略。

（1）建立有效的服务网络。

（2）提供超值服务，不断创新服务方式。

（3）提供赔偿策略。

（4）完善传统的售后服务方式。

三、营销服务冲突处理

（一）营销服务冲突产生的原因分析

1．顾客要求退换时，双方引起矛盾冲突

遇到顾客来退货时，营业员应以十分冷静、正确的态度来处理问题。

（1）应耐心倾听顾客退货的理由，不应未弄清缘由就立即拒绝。

（2）语言应小心谨慎，尽可能不要讲刺激顾客的话，即使顾客退货的理由很不充分，甚至不合规定与情理，也不应对顾客进行指责，而应做耐心的解释工作。

营销服务冲突处理

（3）商店应按照对顾客的承诺，处理合理的退货要求，有时即使顾客退货的理由很不充分，也能退则退。

（4）如果顾客情绪激动，营业员应设法使其缓和下来，切莫情绪同步激化，要防止冲突发生。

2．营业员不能平等待客也会引发冲突

营业员不能平等待客的情况时有发生，主要有以下几种。

（1）顾客购买商品量少、金额太小时，营业员有时表现出冷漠或不屑的神态。

（2）顾客衣冠较差，显得贫寒时，会受到营业人员的轻视。

（3）顾客在商店中虽然选货多次，但最终未能实施购买时。

（4）外地顾客讲家乡方言时。

（5）老人、小孩购买商品没受到同等尊重接待时。

（6）男士受人之托去买女性专用商品受到营业员用奇怪的眼光打量时。

3．顾客与营业员任何一方情绪不佳时易引发冲突

有些顾客来商店购物前遇到过某些不愉快的事，带着某些不良情绪来购物，此时态度生硬，甚至语言行为不文明、不礼貌，讲一些不利于商店或不尊重营业员的话，此时会引发冲突，而营业员有时也可能由于遇到不愉快的事，心情不好，工作时未能克制，在接待顾客中有所流露而伤害了顾客。顾客与营业员心情都不好时更易引起冲突。此时营业人员应冷静处置，切莫采取过激行为，其他营业人员应努力劝阻，必要时由商店管理部门来处理问题，绝对不能有辱骂甚至殴打顾客的行为发生。

4．营业人员未能正确对待顾客的意见引发冲突

购买活动中，有些顾客常常会对商场的经营状况评头论足，提出各种意见，也可能对商场的经营业务提出个人的意见或者某些不同看法。不论这些意见正确与否，是否善意，如果营业员处理不当，也易引起冲突。例如，某商场中某类化妆品货架上有一小牌子上写着价格32元，打八折，顾客购买时拿出24.60元，营业员告诉顾客应付32元。顾客问道："不是32元打八折吗?你们牌子上写着为什么不打八折呢?"营业员立即说："你搞错了，商品原价是40元，现在打八折后卖32元。"顾客马上提出意见："你价格牌上没有写清楚。"若营业员不接受顾客的意见，极可能引起争吵。这些看来是不起眼的小事，若处理不当，会引发矛盾。有的顾客喜欢提意见，营业员遇上这样的顾客，应耐心听取顾客的意见，切莫马上否定顾客的意见。顾客意见中有合理、可行的，应予以采纳。

（二）营销服务冲突的类型

1．按冲突发展的形式划分

（1）渐进式购买冲突。这是指顾客与营业员双方原本无意要引发冲突，但缺乏注意，偶尔失言，或固执己见，各不相让，导致情绪逐渐升温而发展成冲突。这类冲突发展过程呈渐进式，由低潮到高潮，相对较缓慢、曲折。如果双方都能有所克制，则容易平息，若处理不及时，也会发展成激烈冲突。这类冲突的诱因在顾客或营业员内心已潜伏一定时间，起初可能双方还处在克制状态。

（2）爆发式购买冲突。这类冲突常是突然发生并迅速走向激化，而且冲突程度相当猛烈。这类冲突的诱因在顾客或营业员内心已潜伏一定时间，起初可能双方还处在克制状态，然而可能其中某一方刺激性极强的语言或行为引起对方的愤怒，导致激烈冲突，造成极严重后果。

2．按冲突形成的原因划分

（1）误会性购买冲突。这是顾客与营业员在交易活动中误解了对方的意图或行为引发的冲突。可能是某一方语言表达欠妥或错误，也可能言者无意、听者有心，曲解对方意图，造成误会，引发冲突。这类冲突极易走向激化。然而，只要其中表达清晰意思的一方或者曲解对方意思的一方主动将想法、看法坦诚地讲出来，双方是能消除误会、化解冲突、达成谅解的。

（2）过失性购买冲突。这是指顾客或营业员中任何一方在交易活动中，确实存在语言行为过失，或者严重伤害对方的行为，从而引发冲突。这类冲突的程度视受伤害、损失一方的严重程度不同而可能有所差异。若过失一方能及时采取补救措施，并在对方情绪激化后主动克制自己，不使矛盾进一步激化，则有利于冲突平息。营业员应主动采取措施来平息冲突。

（三）避免与消除冲突的方法

避免与消除交易过程中的冲突是营业员与顾客双方都应该注意的事情，这里主要从营业员的角度来寻求避免、消除冲突的途径。

（1）坚持“顾客永远是正确的”原则。

（2）提高营业人员的职业道德水准，不断增强其自控能力。

（3）营业人员应站到顾客的立场上去看问题。

（4）正确对待与处理顾客的不同意见。

营业员在处理顾客不同意见时应注意以下几个方面。

第一，应听清楚顾客所提意见的内容与意图，分辨出意见的合理性、可行性、现实性。第二，对于顾客由于不了解情况，或者缺乏专业知识等客观因素而提出的反对意见，营业员应主动向顾客耐心宣传，解释有关的信息与知识。第三，对顾客所提的意见与要求，营业员应实事求是地回答。第四，反驳顾客的不同意见应掌握好时机与采取妥善的方法。

（四）消费者抱怨与投诉的解决方法与技巧

1. 消费者抱怨与投诉的心理特征

（1）期待问题尽快解决。

（2）渴望得到尊重。

（3）希望得到适当补偿。

（4）发泄不满情绪。

（5）和他人交流投诉经历。

2. 处理客户抱怨与投诉的方法和技巧

处理客户抱怨与投诉的工作流程通常遵循以下4个步骤：即确定问题、分析问题、互相协商、处理落实。在这个过程中要注意一些技巧。

首先，接到客户投诉时要做到用心微笑、耐心倾听客户反映的问题，这个过程中服务态度一定要温和，碰到情绪激动或者有过激行为的客户一定要理性冷静。

其次，对待客户反映的问题要善于分析，与客户交谈时保持语调平缓柔和，沟通过程中的用词要中肯委婉，要善解人意，想到客户遭遇的难题，分析问题差错在哪里。

再次，找出关键问题所在，界定问题的责任，与客户协商解决问题的方法和手段。

最后，及时处理问题，给客户一个满意的答案。

3. 处理顾客抱怨与投诉的程序

（1）建立客户意见表或登记表之类的表格，负责记录的人要有签名确认。

（2）售后服务人员接到信息后可通过电话、传真或到客户所在地面对面交流沟通。

（3）分析抱怨及投诉信息，做解释、说明、沟通协商工作。

（4）将处理情况向上级汇报并提出自己的处理意见，汇报后要及时答复客户。

（5）客户确认处理方案后，签下处理协议。

（6）将协议反馈到企业相关部门去实施。

（7）跟踪处理结果的落实，直到客户答复满意为止。

自学自测

一、单选题

1 服务的产生和消费是同时进行的，此特征为服务的（　　）。

A．不可分离性　　B．无形性

C．差异性　　D．缺乏所有权性

2 消费者可能在购买初期对所购商品的评价不知道是否合适，甚至有些消费者希望更换商品，此为消费者的（　　）心理。

A．求助　　B．评价

C．试探　　D．退换

3 营业员在处理顾客不同意见时应主要（　　）。

A．积极沟通　　B．建立信任

C．分析原因　　D．提出对策

4 顾客抱怨会对零售商产生（　　）。

A．积极影响　　B．双重影响

C．消极影响　　D．不确定影响

5（　　）内容属于售前服务。

A．知识性指导　　B．推荐与展示

C．橱窗陈列　　D．商品安装

二、多选题

1 服务的构成要素包括（　　）。

A．主体　　B．客体　　C．实施者

D．设施与条件　　E．服务内容

2 售中服务的内容包括（　　）。

A．介绍产品　　B．展示产品　　C．使用说明

D．解答疑问　　E．提供售后服务信息

3 营销服务冲突的诱因包括（　　）。

A．退换商品　　B．不公平对待　　C．情绪不佳

D．意见不合　　E．沟通不畅

4 在交易实践中，客观上顾客与营业员存在一定的心理差距，包括（　　）。

A．愿望差距　　B．利益差距　　C．角度差异

D．意见差异　　E．信任差距

5 概括地说，顾客抱怨有（　　）几种类型。

A．情绪抱怨　　B．建设性抱怨　　C．引起注意的抱怨

D．专业抱怨　　E．习惯性抱怨

6 营销服务的心理效应有（　　）。

A．首因效应　　B．近因效应　　C．晕轮效应

D．定式效应　　E．移情效应

三、判断题

1 企业开展营销服务工作最主要的原则是必须满足顾客的需求。（　　）

2 在竞争日益激烈的市场上，企业应把售前服务看作企业成败的关键。（　　）

3 维持一个老顾客的成本比寻求一个新顾客成本要高。（　　）

4 营业员无法回答的技术专业性问题，也要试图做出一定的解释。（　　）

5 零售商应该尽量为顾客提供较多的服务项目。（　　）

四、简答题

1 售后消费者心理会发生哪些变化？

2 售后服务的环节，企业应注意哪些高质量的服务内容的提供，可以提升消费者的满意度。

3 消费者认定营销人员答复并非专业且充分，营销人员应如何应对？

4 举例说明营销服务的心理策略。

5 如何有效地处理顾客的抱怨？

课中实训

实训一　调研服务过程与消费心理

任务1　调研广告宣传心理效应

任务描述　以小组为单位，选择6个不同行业，每个组员选择其中1个行业，至少调研行业内5种不同的广告宣传，通过互联网搜集相关资料，研究该广告宣传创意的心理作用和心理策略。请将研究成果做成展示PPT，并将要点记录在表8–1中。

表8-1　广告宣传心理效应调研

调研项目	调研结果	心理效应分析
广告1		
广告2		
广告3		
广告4		
广告5		

任务2　调研柜台布置心理效应

任务描述　以小组为单位，每个组员至少调研5种不同的柜台布置方式，通过互联网搜集相关资料，研究该柜台布置的心理作用和心理策略。请将研究成果做成展示PPT，并将要点记录在表8–2中。

表8-2　柜台布置心理效应调研

调研项目	调研结果	心理效应分析
柜台1		
柜台2		
柜台3		
柜台4		
柜台5		

任务3　调研咨询服务心理效应

任务描述　以小组为单位，选择6个不同行业，每个组员选择其中1个行业，至少调研行业内5种不同的售前咨询服务规范用语，通过互联网搜集相关资料，研究该咨询服务规范用语的心理作用和心理策略。请将研究成果做成展示PPT，并将要点记录在表8–3中。

表8-3　咨询服务心理效应调研

调研项目	调研结果	心理效应分析
咨询服务规范用语1		
咨询服务规范用语2		
咨询服务规范用语3		

续表

调研项目	调研结果	心理效应分析
咨询服务规范用语4		
咨询服务规范用语5		

任务4　调研商品推介与演示心理效应

任务描述　以小组为单位，选择6个不同行业，每个组员选择其中1个行业，至少调研行业内5种不同的商品推介与演示的方法，通过互联网搜集相关资料，研究该商品推介与演示的心理作用和心理策略。请将研究成果做成展示PPT，并将要点记录在表8–4中。

表8-4　商品推介与演示心理效应调研

调研项目	调研结果	心理效应分析
商品推介与演示的话术或视频1		
商品推介与演示的话术或视频2		
商品推介与演示的话术或视频3		
商品推介与演示的话术或视频4		
商品推介与演示的话术或视频5		

任务5　调研排解顾客疑虑心理效应

任务描述　以小组为单位，选择6个不同行业，每个组员选择其中1个行业，至少调研行业内5种售中服务过程排解顾客疑虑的说辞，通过互联网搜集相关资料，研究排解顾客疑虑的心理作用和心理策略。请将研究成果做成展示PPT，并将要点记录在表8–5中。

表8-5　排解顾客疑虑心理效应调研

调研项目	调研结果	心理效应分析
排解顾客疑虑话术1		
排解顾客疑虑话术2		
排解顾客疑虑话术3		
排解顾客疑虑话术4		
排解顾客疑虑话术5		

任务6　调研售后服务活动心理效应

任务描述　以小组为单位，选择6个不同行业，每个组员选择其中1个行业，至少调研行业内5种售后服务过程中典型的做法或流程，通过互联网搜集相关文献资料，研究售后服务的心理作用和心理策略。请将研究成果做成展示PPT，并将要点记录在表8–6中。

表8-6　售后服务做法或流程心理效应调研

调研项目	调研结果	心理效应分析
售后服务做法或流程1		
售后服务做法或流程2		
售后服务做法或流程3		
售后服务做法或流程4		
售后服务做法或流程5		

实训二　调研营销服务冲突处理心理诉求

任务1　调研处理退换货的心理诉求

任务描述　以小组为单位，选择6个不同行业，每个组员选择其中1个行业，至少调研行业内5种顾客退换货时商家的做法或说辞，通过互联网搜集相关文献资料，研究顾客退换货的心理作用和心理策略。请将研究成果做成展示PPT，并将要点记录在表8–7中。

表8-7　处理退换货心理效应调研

调研项目	调研结果	心理效应分析
退换货商家的做法或说辞1		
退换货商家的做法或说辞2		
退换货商家的做法或说辞3		
退换货商家的做法或说辞4		
退换货商家的做法或说辞5		

任务2　调研处理顾客投诉的心理诉求

任务描述　以小组为单位，选择6个不同行业，每个组员选择其中1个行业，至少调研行业内5种顾客投诉时商家的做法或说辞，通过互联网搜集相关文献资料，研究顾客投诉的心理作用和心理策略。请将研究成果做成展示PPT，并将要点记录在表8–8中。

表8-8　处理投诉心理效应调研

调研项目	调研结果	心理效应分析
顾客投诉商家的做法或说辞1		
顾客投诉商家的做法或说辞2		
顾客投诉商家的做法或说辞3		
顾客投诉商家的做法或说辞4		
顾客投诉商家的做法或说辞5		

任务3　调研避免和消除冲突的心理诉求

任务描述　以小组为单位，选择6个不同行业，每个组员选择其中1个行业，至少调研行业内5种避免和消除冲突的说法或说辞，通过互联网搜集相关资料，研究避免和消除冲突的心理作用和心理策略。请将研究成果做成展示PPT，并将要点记录在表8–9中。

表8-9　避免和消除冲突的心理效应调研

调研项目	调研结果	心理效应分析
避免消除冲突的做法或说辞1		
避免消除冲突的做法或说辞2		
避免消除冲突的做法或说辞3		
避免消除冲突的做法或说辞4		
避免消除冲突的做法或说辞5		

思政园地

避免心理账户误区

人们对不同的收入会设置不同的心理账户：对待工资小心谨慎，对待奖金或其他意外之财则会痛快消费；不仅如此，收入数量的不同，也会影响人们的消费倾向：在拿了一大笔收入的时候不愿意花钱，而在有一笔比较小的收入时反而容易把这笔钱花光。

避免方法：不要人为地给收入贴标签，对不同来源、数量的财富一视同仁，花工资时不必太紧张，工资外的收入也不要大手大脚。现在购物平台功能完善，想买的东西有成百上千的替代品，自以为精明地挑到最好的，却可能因为执着于细节的对比，买了最不实用的那个。

数字营销

LBS营销

基于位置的服务（location based service，LBS）是通过移动运营商的无线电通信网络或外部定位方式（如GPS）获取移动终端用户的位置信息，在地理信息系统（geographic information system，GIS）平台的支持下，为用户提供相应服务的一种增值业务。

LBS营销就是企业借助互联网或无线网络，在固定用户或移动用户之间，完成定位和服务销售的一种营销方式。通过这种方式，可以让目标客户更加深刻地了解企业的产品和服务，最终达到宣传企业的品牌、加深市场认知度的营销目的。比如，大众汽车为要在上海举办的车展特别制作了一款手机App，此App是一个基于LBS位置服务的游戏，用户在上海、苏州、杭州3个城市收集虚拟徽章，就可以免费获得上海车展门票，并且有机会获得限量版的大众汽车车模。通过这一LBS营销活动，大众汽车成功地宣传了车展，获得了更多的关注度。

资料来源：12个值得关注的lbs营销案例. 百度文库［EB/OL］.［2024-10-15］. https://wenku.baidu.com/view.

课后拓展

实践训练

训练项目 商场销售实践

实训目标

1 通过接触，了解不同顾客的心理特征。

2 学会向顾客推介商品的方式方法。

3 培养运用心理策略促进顾客购买的能力。

内容与要求

利用社会实践的机会到一家商场，在某一柜台（如数码照相机柜台）实习，时间依条件决定。

1 了解商品的品牌、系列和基本性能。

2 接受商场的简单培训，向营业员请教基本服务要求。

3 仔细观察并与不同类型的顾客打交道。

4 从态度、仪表、语言以及售后服务等方面追求顾客满意。

成果与检测

1 写出实习日记，记录成交的经营额，与其他营业员的经营额相比较。

2 写出实习报告，包括所遇见的顾客的心理类型。

3 请商场有关人员对实习情况作评价。

营销策略

某产品销售过程中的消费者问题分析及营销策略报告

情境设计

在学校附近选择一家大型商场，各实训小组分组确定某个或某种商品，对该商品销售过程中的消费者问题进行分析，在此基础上制定相应的营销策略，并撰写《某商品销售过程中的消费者问题分析及营销策略报告》。

技能考核

专业能力训练领域、技能点及参照标准见表8-10。

表8-10　技能考核参照标准

能力领域	技能点	名称	参照标准
服务营销策略制定训练	技能1	制定售前服务营销策略	1. 能较准确地观察调研售前消费者的消费心理状况与购买行为特征 2. 能针对售前消费者心理特征制定营销策略
	技能2	制定售中服务营销策略	1. 能较准确地观察调研售中消费者的消费心理状况与购买行为特征 2. 能针对售中消费者心理特征制定营销策略
	技能3	制定售后服务营销策略	1. 能较准确地观察调研售后消费者的消费心理状况与购买行为特征 2. 能针对售后消费者心理特征制定营销策略

第九章

营销主体形象心理

动画：品牌形象

学习目标

知识目标

1. 理解营销主体形象的心理功能，掌握营销主体形象形成机制。
2. 掌握营销人员形象塑造心理。
3. 掌握企业形象塑造心理。

能力目标

1. 遵循心理规律，掌握自觉塑造营销人员良好的自我形象的能力。
2. 掌握运用心理策略塑造企业形象的能力。

素质目标

1. 树立诚信、公正、专业的营销职业道德观念，遵循伦理规范，以消费者利益为导向，开展负责任的营销活动。
2. 具备良好的职业素养和团队合作精神，能够在营销团队中发挥积极作用，共同推动营销活动的成功实施。

思维导图

第九章 营销主体形象心理

- 课前自学
  - 营销主体形象形成机制
    - 营销人员形象及其心理功能、企业形象及其心理功能、营销主体形象的塑造模型、态度与营销主体形象、印象形成过程心理
  - 营销人员形象塑造心理
    - 营销人员心理品质、营销人员形象塑造途径、营销人员形象心理效应
  - 企业形象塑造心理
    - 企业形象的决定因素、企业形象塑造途径、企业形象建设心理因素、企业形象建设心理策略
- 课中实训
  - 实训一 调研分析营销人员形象塑造心理效应
    - □ 任务1 营销人员形象调研
    - □ 任务2 营销人员形象设计
  - 实训二 调研分析企业形象塑造心理效应
    - □ 任务1 企业形象调研
    - □ 任务2 制定企业形象建设策略
- 课后拓展
  - 实践训练
  - 营销策略
  - 技能考核

课前自学

一、营销主体形象形成机制

营销主体是指策划与组织实施营销活动的组织与个人，具体是指企业及其营销人员。营销主体的形象包括营销人员形象与企业形象。

营销主体形象形成机制

（一）营销人员形象及其心理功能

1. 营销人员形象的含义

营销人员形象是指企业营销人员的外表、言行及其内涵、素养等在消费者心理上形成的总体印象。

2. 营销人员形象的心理功能

无论是企业的营销人员还是商场的营业员，其形象对顾客或客户的心理都会产生极为重要的影响作用，关系到营销的有效性，直至交易的成功。营销人员的形象具有以下心理功能。

（1）愿意接近。营销人员在顾客或客户心目中形成良好的印象或形象，就会使消费者愿意与营销人员接近，会使相互交往的过程成为一个愉悦的过程。这样，营销人员就创造了开展营销的前提和基础。这是解决营销第一步难题的关键。在通常情况下，营销人员被拒之门外是营销过程的第一步难题。

（2）接受信息。如果营销人员的形象好，就会使消费者自觉自愿地接受来自营销人员的信息，而且会认真、仔细地分析、理解信息，从而使营销信息得到迅速、准确的传递。

（3）增强信赖。消费者是否相信所营销的商品，在相当大的程度上受到对营销人员看法与印象的影响。如果消费者认为营销人员真诚、实在，或权威、懂行，在消费者心目中留下较好的印象，那么，不但增强对营销人员本身的信任，还会将这份信赖移情到对其所营销的商品，乃至对生产商品的企业的好感与信赖。这正是由于消费者信任营销人员，认真接受、理解有关信息而形成的一种内在信赖。

（4）提高忠诚度。消费者愿意与自己喜欢、信赖的营销人员交往，并在业务交往的过程中形成一定的个人间的情感，进而对该种商品及企业产生忠诚心理，实现长期合作，惠顾购买。

（二）企业形象及其心理功能

1. 企业形象的内涵

企业形象是指企业的特征与状况（即性状）在消费者与公众内心的抽象反映。从本质上说，企业形象是公众意识中的一种反映，即一种主观印象，是公众对企业的特征与行为做出的概括和评价。但这种观念的印象是以客观实在为基础的，是对客观实在的企业性状所做的反映，具有相当的客观性。

企业性状是指一个企业客观实在的特征与状况。例如，一家拥有几百万平方米营业面积的商场属于一个大型商场；一家实力强，讲信誉的企业资信度高；一家工厂生产的产品质优价廉，适销多路等，这些都是企业的客观实在。

企业形象与企业性状有一定的差异，企业形象是广大顾客对企业性状的心理反应，二者不一定完全一致，因为主观反映与客观实在之间很可能有差异。这样就存在一个推广与塑造企业形象的问题。一个企业要想拥有好的自身性状，还必须通过有效的推广手段，实现有效传播，才能得到广大公众较理想的概括和评价，才能建树起好的企业形象。

2. 企业形象的构成内容

完整的企业形象策略系统由三个子系统构成，即理念识别系统（MIS）、行为识别系统（BIS）和视觉识别系统（VIS），三者相互推进、共同作用，才能形成最佳的企业形象效果，如图9-1所示。

（1）理念识别系统（MIS）。理念识别系统是企业形象构成内容的核心和原动力，包括企业经营哲学、经营宗旨、经营理念和价值观等意识文化方面的内容，它赋予企业以灵魂，是整个企业形象策略设计的基础。企业由内向外扩散其经营理念，贯彻企业精神，可以达到使公众深刻认识其识别目标及有力塑造企业独立形象的效果。

（2）行为识别系统（BIS）。行为识别系统是企业以理念识别系统为基础和原动力制定出一套使理念具体化的措施，是理念识别系统动态形式的外化和表现。行为识别系统体现在企业内部的制度、组织、管理、教育等方面及店铺外部的促销、公关等活动中。

（3）视觉识别系统（VIS）。视觉识别系统是企业在理念识别系统和行为识别系统的基础上向外界传达的全部视觉形象的总和。视觉识别系统是最外在、直观、形象生动的静态识别符号，包括企业名称、品牌标志、标准字、标准色等很多内容。

3. 企业形象的心理功能

（1）增强认知。企业形象是公众对企业正确认知的结果，企业一旦形成了良好的形

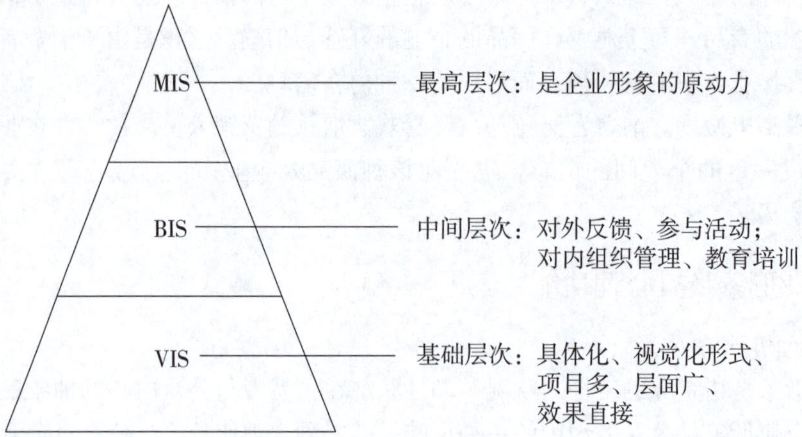

图9-1 企业形象系统

象，就会反过来帮助公众更好地认知企业。通过建立起的企业形象，有利于企业理念在公众中的有效传播，不断扩大企业的知名度和美誉度。许多顾客往往是先有了对企业的良好印象，然后才详细认知其产品或服务的。

（2）亲和公众。企业有好的形象，也就是广大公众对企业有普遍良好的印象，从而使企业的广大消费者、社区民众、合作者与竞争者、新闻媒体、政府官员等对待企业有一种普遍亲和的情感和强烈的认同感，使他们愿意在思想和行动上关心企业、支持企业。这样，就会使企业广结良缘，处处便利，赢得极佳的经营环境，保证事业的大发展。

（3）惠顾购买。企业形象好，消费者对企业的信任通常都会转到对企业产品与服务的信任上，使消费者买了放心，用了称心，并形成惠顾购买。在现代商战中，企业形象已成为营销极有效的武器和促进消费者惠顾购买的最佳手段。

（4）激励员工。企业形象不但对广大外界公众有显著的影响，而且对本企业的员工具有重要的心理作用。企业形象好，会使本企业的员工增强自豪感、归属感、凝聚力和主人翁意识，从而会大大激发员工对企业的奉献精神和事业心、责任感，提高员工的工作积极性。

（三）营销主体形象的塑造模型

基于上述对营销主体形象概念的分析，构建营销主体形象的塑造模型，如图9–2所示。

营销主体形象塑造模型的简要分析：①营销主体形象起始于消费者对企业及其营销人员的印象，这些印象是形成企业形象的基础。②对营销主体形象起核心作用的是消费者对企业商品、服务、营销等相关实物、行为、过程的态度，这些态度影响并决定企业形象，而同时企业形象又会影响乃至决定消费者在购买中的态度。③消费者印象与态度的形成或改变，受到企业与营销人员形象塑造过程的影响：一方面是企业及其成员自身

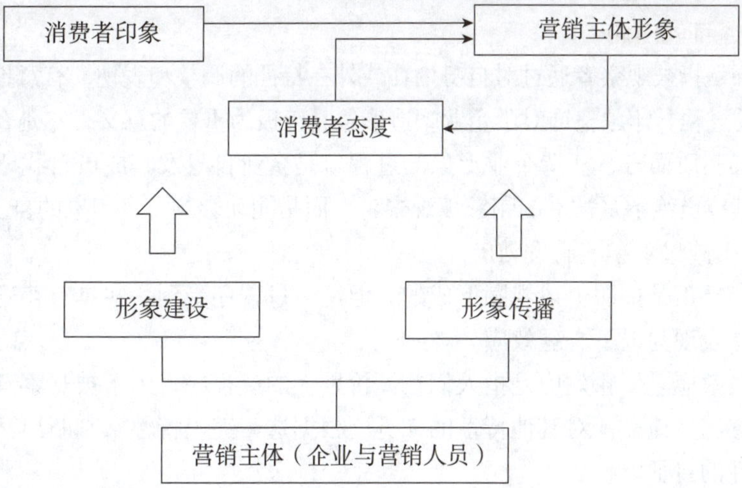

图9-2 营销主体形象塑造模型

形象的建设；另一方面则是企业及其成员运用各种手段进行形象信息的有效传播。

（四）态度与营销主体形象

1. 态度是营销主体形象的核心内容

形象，作为在以顾客为主体的公众心目中的反映，归根结底，是以公众对营销主体的态度为核心内容的。公众如何认识与评价营销主体，形成何种情感，具有怎样的行为倾向，这是营销主体形象好坏的根本所在。

2. 强化或改变态度是营销主体形象塑造的关键环节

公众态度是营销主体形象的核心内容，能否树立良好形象，关键在于能否强化有利于营销主体的公众态度，扭转或改变不利的态度，通过多种有效方式或手段，使消费者形成对本企业积极、肯定和全力支持的态度。所以，要树立其形象，就必须善于抓住公众，特别是消费者态度的强化或改变这个关键环节。

3. 营销主体形象反过来影响乃至决定消费者在购买中的态度

在消费者进行购买决策的过程中，除了对所购商品本身信息的感知与分析比较外，极为重要的一个因素是消费者对出售该商品的企业及其营销人员的印象，即认为其是否信得过，并往往以此联想或推断该商品的质量与价格，形成明确甚至坚定的态度，进而决定是否购买。

（五）印象形成过程心理

1. 印象的内涵

印象是客观事物在人们头脑中留下的迹象，是观察者对被观察者做出的判断和对被观察者若干特征的概括认识，属于社会知觉范畴。

印象的形成具有双向性。印象形成过程既是观察者主动观察对象特征的过程，又是观察对象能动影响观察者观察其特性的过程，即具有双向性，被观察者可以关心和影响别人对自身的印象。这就意味着形象是可以塑造的。

2. 印象整饰的内涵

印象整饰是指被观察者通过对自身内在或外在特征的调整和表现，有意控制别人对自己形成印象的过程。印象整饰对于企业塑造形象具有极为重要的意义，它是企业塑造形象的基础。就其实质而言，塑造企业形象的过程就是企业自身及其成员自我印象整饰的过程。企业及其成员绝不是被动的印象被观察者，而是能动影响自身印象的自主塑造者。

3. 印象形成过程中的心理效应

人们的印象正是按照上述规则形成的，但这一过程还受到一些具有普遍性心理因素的影响，具体表现为以下心理效应。

（1）晕轮效应。晕轮效应是指人们在评价别人的过程中，由于被观察者的某个或某些特性非常突出，掩盖了对其他特性的知觉，根据这一突出特性来判断出其他方面也具有与之一致性的特征。

（2）首因效应。首因效应是指一个人最先给人留下的印象占有重要的地位，它会影响或抑制以后留给人的印象。这就是人们常说的“先入为主”的意思。

（3）近因效应。近因效应是指一个人最后留给人的印象会冲淡或调整以前所形成的印象，并成为最后决定被保留在头脑中的印象。

首因效应反映的是第一印象的重要心理作用，近因效应反映的则是最后印象的重要心理作用。

（4）投射效应。投射效应是指观察者常常把自己的认识和情感投射到观察对象身上，认为观察对象与自己有相同的需要、情感、见解和情景。

（5）类化效应。类化效应即刻板印象。这是指人们往往对某个社会群体或某一类人形成的固定印象对其知觉的影响。人类在长期的社会生活中，形成了多种外在文化群，或具有某些共同特征的社会阶层、群体，从而在社会上形成普遍性的传统意识。这样，一了解到某人属于何种阶层或群体，就会把这类群体的共同特征融入这个人的印象之中。

二、营销人员形象塑造心理

（一）营销人员心理品质

营销人员的心理品质是指市场营销人员在营销过程中应具备的心理能力的总和，可以分为情感品质、意志品质和能力品质3个层次。

营销人员形象塑造心理

1. 营销人员的情感品质

（1）雄心壮志。作为一名营销人员，应拥有明确的营销目标，全力以赴，通过自身的意志抵抗身体的慵懒和精神上的疲惫，最终才会取得成功。

一个心态积极的营销人员常会展望未来，即使身陷困境，也会以愉快的心情走出来。

（2）满怀信心。满怀信心是优秀营销人员最重要的心理品质，只有有信心才会勇往直前。坚强的信心是成功的源泉，不论营销人员才干大小、天资高低，成功取决于其坚定的信心。

（3）诚实正直。马克·吐温说：“当你处在进退两难的境地时，就说出真话，诚实是我们拥有的最有价值的东西。”诚实正直的营销人员心胸坦荡，能获得客户的尊重与信任，从而获得长期的收益。

2. 营销人员的意志品质

（1）积极进取。具有积极进取心态的营销人员一定比消极悲观的营销人员更能成功地进行销售。积极的心态就是一扇机会之门，可以让营销人员展现营销技巧，并赢得客户的信赖和订单，充分展现了营销的魅力。

（2）持之以恒。当营销人员从事销售工作时，除了满腔热情之外，更要有足够的恒心和毅力作为他们强大的后盾，唯有持之以恒，才能在挫折和失败后仍能一往无前。

3. 营销人员的能力品质

（1）敏锐观察。营销人员应该对市场行情明察秋毫，并能从普通的市场销售资料中发现营销机遇和潜在的问题，捕捉一切对自己生存发展有利或不利的信息。要养成冷静、细心、严谨的思维习惯，不失时机地调整营销对策，获得更多的收益。

（2）机智应变。机智应变能力是营销人员应具有的基本能力之一，是一种根据不断发展变化的主客观条件，随时调整行为的能力。在营销活动中，营销人员必然会遇到各种各样的问题和实际的困难，而努力去解决问题和克服困难的过程，就是增强人的应变能力的过程。因此，在工作学习和日常生活中，营销人员应遇事冷静，学会自我检查、自我监督、自我鼓励，这样有助于培养良好的应变能力。

（3）善于交际。优秀的营销人员谈业务时，如同和风细雨，整个过程浑然天成，不但客户感觉不到其在订货，反而犹如与老友见面、与同行探讨话题，显得亲切随意。善于交际是营销人员的一项非常重要的能力。营销人员要拓宽自己的知识面，勤于思考，要有自己的看法和主张，做到虽不精但有一定的深度，这样便于主动寻找客户感兴趣的话题，拉近与客户之间的距离。

（二）营销人员形象塑造途径

1. 营销人员仪表

营销人员仪表主要包括营销人员的衣着服饰、发式仪容等。营销人员的仪表在与顾客的相互交往中有着重要作用，它将作为第一印象呈现在顾客面前。营销人员不同的仪表，会使顾客产生不同的心理感受和情绪体验。

2. 营销人员举止谈吐

营销人员的行为举止主要指在接待客户过程中的站立、行走、表情、动作等。行为举止能体现人的性格、气质，也最容易引起顾客的注意，并能给顾客留下鲜明的印象。

3. 营销人员营销行为

这主要是通过营销人员在营销过程中的各种营销行为，影响、作用于顾客心理，使顾客对营销人员形成良好印象，促进购买的心理互动过程。

（三）营销人员形象心理效应

1. 营销人员仪表的心理效应

（1）营销人员的服饰穿着与顾客心理。营销人员的着装与发型将决定其留给顾客的第一印象是好还是坏，对顾客的心理变化起着重要作用。商场营业员和企业营业人员的服饰穿着由其职业性质决定，穿着服饰既要整洁合体，又要美观大方。通常情况下，营销人员宜穿着干净、整洁，又相对保守的中档服装。商场的营业员则应着具有同一性标志的工作装。

（2）营销人员的发式仪容与顾客心理。营销人员的发式仪容也是形成顾客第一印象的重要因素，是顾客对营销人员特征、品质、个性、风格喜好等做出判断的重要依据。例如，过于时尚的发型与浓妆艳抹，可能会给人以轻浮而不可靠的印象。

2. 营销人员举止谈吐的心理效应

（1）营销人员语言运用与顾客心理。营销人员的服务语言既要礼貌、简练、准确，又要注意分寸，不说夸张话。否则，会适得其反。此外，言谈的姿势、说话的声调以及面部表情也很重要。营销人员良好的语言能力，不仅会给顾客以亲切感，而且能提供更多的成交机会。

营销人员说话要注意顾客的情感，使顾客乐于接受。首先，对顾客的称谓要恰当、准确，这样会缩小与顾客的距离感。既可称先生、小姐、女士、朋友，也可根据我国传统的称呼习惯来用敬称。其次，要善于把握顾客情绪的变化，因势利导。最后，营销人员要注意自己询问顾客时的态度，要做到言行一致。

营销人员要注意语言的运用。营销人员应该多说商量的话、委婉的话、关心的话、确切的话；不该说顶撞的话，粗话、脏话；不说命令式的话、不耐烦的话；不说讽刺、挖苦的话。另外，说话用词要简练明白、抓住要领、声调柔和、语感优美。既要口语化，又要形象化，能吸引顾客、影响顾客，使顾客有良好的心理感受。

（2）营销人员行为举止与顾客心理。如果营销人员举止大方、言谈文雅、态度热情而庄重、动作干脆利落，就能给顾客留下良好的心理印象，顾客会产生轻松、舒适、愉快的感觉；相反，举止轻浮、懒散、言谈不经心、动作拖拉粗鲁，会使顾客产生不良的心理印象，顾客会有讨厌、烦躁的感觉。

营销人员的举止应该做到适应顾客心理需求，努力做到“诚于中而形于外”。不要在顾客面前做出不雅的动作，如挖鼻孔、掏耳朵、剔牙齿或是用手梳头发等；注意站立形态，不要手抱胳膊或把手插到裤袋里面；不要把身体靠在柜台或是坐着接待顾客；在营业现场，不要相互聊天或扎堆；注意展示商品时的动作、语调、神态，不能表现出不耐烦，要以微笑的表情接待顾客，避免与顾客争执；注意观察顾客的反应，及时掌握他们的意图、兴趣的变化并尊重其意见与要求，使双方关系处于十分融洽的状态。

3. 营销人员营销行为的心理效应

这里以商场销售为例，分析营业员在购物场所中为顾客提供服务、推动顾客购买等销售行为。

（1）营业员的人际沟通。当顾客进入商场时，营业员亲切的服务态度会使顾客产生良好的信赖感，有利于两者之间的交流。这种令顾客信赖的沟通会有力地促进顾客对商品的认知与记忆。

（2）营业员的商品推介。商品陈列在柜架上，如何引导顾客观看商品，如何向他们展示商品，如何表现商品的特殊性等，是营业员对顾客施加良好影响的重要环节。有些营业员太急于展示商品，往往适得其反吓走顾客，就是不能正确理解顾客心理的原因。反之，顺应顾客的心理展示动作，是增进顾客信赖的有效方法。

（3）营业员的选购指导。优秀的营业员不仅是商品的出售者，还应该是顾客购买商品的指导者，在介绍中可以为顾客提供有关商品消费的多方面知识，能正确解答商品消费中的问题，能正确评价不同品种商品的优缺点等。这样，对顾客的影响是增强其购买商品的信心。

（4）营业员的情感融通。营业员优良的服务在商场销售中还可以化解许多矛盾与冲突。在这里，营业员自然、诚恳的微笑代表其真心实意地欢迎顾客的到来。营销人员的微笑应该是愉快情绪的自然流露，因此必须使自己内心真正地处于愉快的状态。

三、企业形象塑造心理

（一）企业形象的决定因素

（1）企业性状。企业性状即企业自身的特征、行为与状况。这是企业形象所反映的客观实在，是决定企业形象的前提与基础。

企业形象塑造心理

（2）传播。传播即有关企业性状的信息是怎样传播给公众的。传播模式的方式、手段、效果不同，企业在公众心目中的反映会有很大的差别。传播过程是决定企业形象的重要因素。

（3）公众。企业形象在本质上是一种公众的心理反映，因此，以顾客为主的公众，其自身的因素也将成为影响企业形象的重要方面。

（二）企业形象塑造途径

1. 加强企业自身形象建设

要在大众心目中形成良好的形象，企业性状必须好。企业塑造形象，必须在加强自身建设和促进发展壮大上下功夫。企业要加大改革力度，提高自身素质，推出高质量的产品和服务，全面承担社会责任。这样，企业的知名度和美誉度就会不断提高。加强自身形象建设是塑造企业形象的根本途径。

2. 加强企业形象传播

好的企业性状还要靠有效的传播，才能建立起好的企业形象。企业必须高度重视企业形象的传播。企业在认知公众心理的基础上，有针对性地进行传播，科学地设计交流信息，选择传播方式、手段和媒介，提高传播功效，使良好的企业形象尽早地在公众心目中建立起来。

（三）企业形象建设心理因素

企业形象建设是企业从自身提高与发展的角度进行研究的。这个建设过程一方面涉及企业员工对本企业形象建设的一些心理因素；另一方面涉及以顾客为主体的公众对企业形象的期望心理。

1. 公众对企业形象的心理期望

公众对企业形象的心理期望可用两大基本变量或指标反映，即知名度与美誉度。知名度表示公众对企业形象的知晓程度；美誉度则表示对企业形象评价的好坏程度。良好的企业形象，应是知名度和美誉度皆高的企业。知名度和美誉度还可以划分为很多具体的衡量指标，对这些指标又可以归纳为两大类：一是企业实力；二是企业信誉。

（1）企业实力。在顾客心目中，企业实力是形成印象的基础。人们总是认为实力强的企业是可信任的。顾客在衡量实力时，首先是看规模、名气和创新程度；在深入考察时，可再细分为经济实力、技术实力和管理实力。

（2）企业信誉。在形成企业形象过程中，企业信誉是起核心作用的内容。企业再大，实力再强，企业信誉低，就不可能在公众心目中树立好的形象。信誉是企业形象的灵魂。顾客在衡量企业信誉时，主要看以下几个方面：①产品质量，即企业产品的质量，包括其结构、功能、外观形象；②服务，即企业为顾客所提供的服务范围、内容、态度和水平；③价格，即所提供的产品和服务的价格是否合理，是否低廉，这关系到“让利”还是“宰客”的问题；④守信，即信守时间，兑现承诺等；⑤文明，即企业所展示的文明风貌，包括对顾客的尊重、礼遇程度；⑥社会责任，即企业承担社会责任，为社会、社区做贡献的状况。能努力达到以上目标的企业，就会深受顾客的欢迎与爱戴，从而建立起良好的企业形象。

2. 企业员工对企业形象的心理反应

企业员工包括其领导者对企业形象的各种心理状况，是加强企业自身形象建设的心理基础和动力源。研究并有效影响员工关于企业形象的心理反应，是加强企业形象建设的重要途径。在企业形象建设中，企业员工的心理可具体划分为以下几种类型。

（1）关注型。关注型即关注本企业形象建设的员工。这部分员工充分认识到企业形象的重要性，并在思想上表现出对企业形象建设各方面的关心。当然这也包括关注企业形象，但自己的行动跟不上的现象。

关注型员工主要是由以下心理促成的：①责任心理，大部分是担任企业一定领导职位的管理者，出于职务和责任考虑而高度关注企业的形象；②关联心理，即员工出于切身利益而关注企业形象建设，包括与自身利益的关联，例如，企业形象好、效益好，本人收入也高的心理，包括出于代表心理，例如，认为自己所在的企业名气大，也会感到自豪，从而关注企业形象的建设；③利他心理，即员工出于高尚的思想境界和高度的社会责任感，为顾客着想，为企业集体着想，从而关注企业形象建设。

（2）麻木型。麻木型即员工对企业形象建设麻木不仁，漠不关心，在行动上也不愿积极参与建设活动。

麻木型员工主要是由以下心理促成的：①盲目心理，即员工根本不了解企业形象的重要性，认为企业形象无关紧要；②利己心理，凡事只从自己利益出发，对建设企业形象需要自己付出不情愿；③消极心理，此类员工思想消极，对什么事情都没有兴趣，没有工作的积极性，这样，就更不会积极参与企业形象建设活动。

（3）损坏型。损坏型即员工以消极、反感的情绪对待企业形象建设，有时甚至自觉或不自觉地损坏企业形象。

损坏型员工主要是由以下心理促成的：①对抗心理，即这类员工由于某种原因而对企业产生明显的对抗心理，甚至为了发泄不满，有意识地损坏企业形象；②挫折心理，即员工由于某方面遭受挫折，产生一种不健康的心理，在碰到企业形象相关问题时，不能控制自己的不满情绪，而自觉或不自觉地损坏企业形象；③利己心理，有的员工私心重，有时为了一己私利而损坏企业的形象。例如，有的营业员为多得收入，在出售商品时掺杂使假，缺斤少两，严重损害企业形象。

（4）行动型。行动型即员工不但高度重视企业形象建设，而且以实际行动扎扎实实地参与企业形象建设。

行动型员工主要是由以下心理促成的：①职位心理，即担任一定职位的管理者，基于职权、职责因素而积极参与企业形象建设的心理；②成就心理，即员工是为了成就事业，做出贡献，期望有所建树的心理而积极参与企业形象建设；③服从心理，即员工出于对组织和上级指令的服从心理而参与企业形象建设。

企业为树立良好形象，制定一系列规范和要求，并对违反者加以制裁，这样会使大多数员工严格要求自己，认真地参与企业形象建设。

（四）企业形象建设心理策略

企业要有效地推进形象建设，从心理学角度看，应主要抓好树立全员形象意识和构建全方位企业形象建设长效激励机制两大方面。

1. 树立全员形象意识

从管理者到每个员工，都有对本企业形象有较高的认知与重视程度，这是企业加强自身形象建设的思想基础。①企业领导者的形象意识是做好企业形象建设的关键。现代企业管理者必须高度重视企业的形象，真正把企业形象看成是重要的软资产，是企业生存与发展的生命线。②全体员工的形象意识是做好企业形象建设的基础。企业形象是靠所有员工共同努力树立起来的。如果员工认为树立企业形象是领导的事，与己无关，那么企业就不可能树立起良好的形象。每个员工都必须提高对企业状况与发展的关注度，树立明确的形象意识，只有这样，企业形象建设才有了广泛的群众基础。企业的形象是靠全体员工共同努力建立的，有时个别员工的言行会起到至关重要的作用。

2. 构建全方位企业形象建设长效激励机制

企业的良好形象，是靠企业全体成员的实际努力建设起来的。而且，这种企业形象建设的活动应是全方位、全过程的，应渗透到企业活动的所有领域，贯穿于全部过程。

实现对全方位、全过程企业形象建设行为的有效激励，最重要的就是建设长效激励机制。这一体系主要由3个子机制构成：①形象目标激励机制，即要明确各级各类人员在建设企业形象方面的职权和工作目标，并授予其独立运作的权力，使其为实现目标而努力工作；②工作内容激励机制，即通过有关企业形象建设的工作设计，增强员工对完成此类工作的兴趣，激发他们完成工作的积极性、责任感和成就感，并及时反馈建设成果，使他们高度满意于这些形象建设工作；③利益关联激励机制，即让员工知晓他们的收入、社会地位与企业形象的关联性，并从管理体制到分配政策上保证职工的收入和社会心理满足程度与他们推进企业形象建设工作的成效紧密联系，从而激励全体成员自觉地为企业形象建设贡献力量。

自学自测

一、单选题

1 企业形象构成内容的核心和原动力为（　　）识别系统。

A．理念　　B．行为　　C．意识　　D．视觉

2 消费者对企业及其营销人员的（　　）是形成企业与营销人员形象的基础。

A．理念　B．态度　C．意识　D．印象

3 当一位营业员态度不好时，即使其拥有较高的业务技能，顾客也会视而不见，这是（　　）心理效应。

A．晕轮　B．首因　C．近因　D．投身

4 员工对企业形象建设漠不关心，在行动上也不愿积极参与建设活动，此心理类型为（　　）。

A．麻木型　B．关注型　C．损坏型　D．行动型

5 营销主体形象塑造的核心内容是（　　）。

A．顾客印象　B．态度　C．形象传播　D．形象建设

6 企业形象的灵魂是（　　）。

A．企业实力　B．企业员工　C．企业信誉　D．商品和服务

二、多选题

1 营销主体的形象包括（　　）形象。

A．品牌　B．企业　C．营销人员　D．商品　E．服务

2 营销人员的形象包括（　　）。

A．外表　B．言行　C．内涵　D．素养　E．情绪管理

3 营销人员的能力品质包括（　　）。

A．观察　B．应变　C．交际　D．诚实　E．创新

4 营销人员要注意语言的运用，应该多说（　　）的话。

A．命令　B．关心　C．委婉　D．确切　E．积极

5 印象形成过程包括（　　）。

A．感知过程　B．评价过程　C．概括过程　D．固化过程　E．反馈过程

6 决定企业形象的因素主要有（　　）。

A．综合识别系统　B．理念识别系统　C．视觉识别系统

D．行为识别系统　E．文化识别系统

三、判断题

1 企业形象与企业性状有一定的差异，二者不一定完全一致。（　　）

2 营销主体形象反过来影响乃至决定消费者在购买中的态度。（　　）

3 首因效应反映的是第一印象的重要心理作用，近因效应反映的则是最后印象的重要心理作用。（　　）

4 企业形象是以顾客为主体的公众对企业存在形式的一种反映。（　　）

四、简答题

1 企业形成良好的形象，会给消费者带来怎样的心理暗示？请举例说明。

2 举例说明消费者对企业和营销人员印象的形成具有双向性。

3 举例说明消费者对营销人员所形成的类化效应。

4 以零售店为例分析企业形象建设的心理策略。

5 如何培养营销人员的自信心？

课中实训

实训一 调研分析营销人员形象塑造心理效应

任务1 营销人员形象调研

任务描述 每个组员根据生活中经历过的消费场景中营销人员的形象，至少调研5种不同类别的营销场景，观察营销人员的仪容仪表、举止谈吐、营销行为，研究分析其带给顾客的心理效应。请将研究成果做成展示PPT，并将要点记录在表9-1中。

表9-1 营销人员形象调研

调研项目	场景描述	营销人员的仪容仪表	营销人员的举止谈吐	营销人员的营销行为
消费场景1				
消费场景2				
消费场景3				
消费场景4				
消费场景5				

任务2 营销人员形象设计

任务描述 以小组为单位，选择6个不同行业，每个组员选择其中1个行业中的一家企业，根据该企业产品/服务面向受众人群的心理特征设计营销人员形象。请将研究成果做成展示PPT，并将要点记录在表9-2中。

表9-2 营销人员形象设计

调研项目	营销人员形象设计
行业信息	
企业基本信息	
仪容仪表	
举止谈吐	
营销行为	

实训二　调研分析企业形象塑造心理效应

任务1　企业形象调研

任务描述　以小组为单位，选择6个不同行业，每个组员选择其中1个行业，调研这个行业中至少5家企业的形象，通过图书馆电子期刊数据库、互联网搜集相关资料，研究企业形象的心理功能。请将研究成果做成展示PPT，并将要点记录在表9-3中。

表9-3　企业形象调研

调研项目	企业名称	理念识别系统（MIS）	行为识别系统（BIS）	视觉识别系统（VIS）
企业1				
企业2				
企业3				
企业4				
企业5				

任务2　制定企业形象建设策略

任务描述　以小组为单位，选择6个不同行业，每个组员选择其中1个行业中的1家中小微企业，根据该企业面向受众人群的心理特征设计企业形象。请将研究成果做成展示PPT，并将要点记录在表9-4中。

表9-4　企业形象建设策略

调研项目	企业形象建设策略
行业信息	
企业基本信息	
企业形象建设路径1	
企业形象建设路径2	
企业形象建设路径3	
企业形象建设路径4	
企业形象建设路径5	

思政园地

"好利来"形象塑造年轻化

在国内的烘焙品牌中，好利来仅依靠店内单一的蛋糕品类，年销售额就可以达到数十亿，并且在全国多座城市内开设近千家直营连锁店，每天卖出的产品数不胜数。烘焙行业是一个同质化比较严重的行业，表面看起来非常简单，但其实，好利来在背后也做了不少的改变。

好利来于1992年在兰州市诞生。作为20世纪90年代出现的老一代艺术蛋糕公司品牌，以行业领跑者的姿态迅猛发展，并在1999年度过企业生存危机后逐步策划年轻化转型之路，其成功得益于优秀的品牌公关策略——精准定位，塑造强化年轻化的形象；注重体验，提高好利来的品牌格调；拉近距离，实现与公众的有效沟通。

（1）在领导者形象塑造方面，好利来擅长设计策划的人设形象贴近大众日常，有效地从公域流量中获客、裂变、增长，加速消费者对好利来年轻化品牌的印象。借年轻领导者拉近品牌与年轻消费者之间的心理距离，促进品牌和消费者的和谐关系，最终实现了优秀的领导者形象塑造。

（2）在产品形象塑造方面，好利来配方和工艺来自某著名的甜品匠人。入口清凉松软，口感淡雅精致，整体质感绵软细腻，回味甜而不腻，沁人心脾。高颜值包装增加了好利来品牌的曝光量，推动好利来人气增加。

（3）在线下门店形象塑造方面，好利来线下门店装修风格独特，充满想象力，具有高质量的视觉传达美学属性，更能引起话题度，符合年轻人创意审美和新潮话语体系，最终实现了优秀线下门店形象的塑造。

数字营销

“雪碧+江小白”：数据驱动跨界联合

在线上购物已成为主流的当下，企业和品牌的营销活动呈现“电商声量大”的变化趋势。“雪碧”作为国际食品行业巨头，虽然在线下拥有深入的渠道和布局，但存在着线上年轻人群渗透率低、购买动机不明确、电商声量不及线下、品牌电商形象待强化等问题。

在这样的背景下，雪碧策划了“雪碧+江小白”的品牌跨界联合活动，推出白酒风味汽水，实现汽水和酒类的首次跨界。基于这次的品牌跨界联合，雪碧打造电商专供新品，希望大幅提升品牌的“电商声量”，为品牌带来更多新用户。

资料来源：2020年第十三届金投赏国际创意节金奖案例. 金投赏商业创意奖［EB/OL］.［2024-10-15］. https://winner.roifestival.com/cn/winners/list_category/d198bii?year=2020.

课后拓展

实践训练

训练项目　企业形象调研

实训目标

1 培养观察顾客对企业评价的能力。

2 培养运用心理策略塑造企业形象的能力。

内容与要求

1 对一家企业进行顾客调查，主要是了解顾客对该家企业的印象与评价。

2 调查可采用问卷法或访谈法进行。

3 对调查结果进行分析，除分析顾客对企业的评价外，还要注意影响企业印象形成的具体因素、顾客的需求与心理特点等。

4 必要时可组织班级交流。

成果与检测

1 每人写出调研与分析报告。

2 依个人表现与分析报告质量进行评估打分。

营销策略

企业公众形象建设策略

情境设计

选择一家零售企业，各组运用调查法或其他方法，调查和分析该企业在广大消费者心目中的形象，在此基础上制定相应的营销策略，并撰写《某企业形象问题分析及营销策略报告》。

技能考核

专业能力训练领域、技能点及参照标准见表9-5。

表9-5 技能考核参照标准

能力领域	技能点	名称	参照标准
基于消费者心理效应的企业形象分析及营销策略制定训练	技能1	企业形象调研	1. 能调研企业性状 2. 能调研企业传播自身形象的方式 3. 能较成功地实施公众心目中对企业的形象调查和收集相关调查资料
	技能2	企业形象建设策略	1. 能从企业内部管理角度制定企业形象建设方案 2. 能根据员工心目中企业形象制定企业形象建设方案
	技能3	基于消费者企业形象心理效应的营销策略制定	1. 能正确识别公众对企业形象的心理预期 2. 能依据公众对企业形象的心理预期提出相应的营销策略

参考文献

[1] 单凤儒. 营销心理学［M］. 4版. 北京：高等教育出版社，2022.
[2] 林海，林萌菲. 消费者行为分析［M］. 北京：高等教育出版社，2021.
[3] 朱涛，焦芬，刘鑫. 消费心理学［M］. 成都：电子科技大学出版社，2021.
[4] 肖涧松. 消费心理学［M］. 3版. 北京：高等教育出版社，2018.
[5] 张晓红，金宏星. 品牌策划与推广实战［M］. 北京：人民邮电出版社，2020.
[6] 李晓霞，刘剑. 消费心理学［M］. 3版. 北京：清华大学出版社，2018.
[7] 张晓燕，马娜. 营销心理学［M］. 徐州：中国矿业大学出版社，2018.
[8] 刘宝. 消费者行为学——理论、实务、案例、实训［M］. 2版. 北京：高等教育出版社，2015.
[9] 刘国防，刘方丹. 营销心理学［M］. 北京：首都经济贸易大学出版社，2022.
[10] 费璇，陈林. 消费心理学［M］. 南京：南京大学出版社，2018.
[11] 薛长青，金晗. 消费者行为分析［M］. 4版. 大连：大连理工大学出版社，2022.